I0018581

Hicham Meghari
N. Boukli-Hacene
A. Berrichi

Optimisation Radio dans le réseau GSM

Hicham Megnafi
N. Boukli-Hacene
A. Berrichi

Optimisation Radio dans le réseau GSM

L'évaluation des paramètres radio utilisés dans la liaison radio de réseau GSM par le Software GSM-RNO (GSM-Radio Network Optimisation)

Éditions universitaires européennes

Mentions légales/ Imprint (applicable pour l'Allemagne seulement/ only for Germany)

Information bibliographique publiée par la Deutsche Nationalbibliothek: La Deutsche Nationalbibliothek inscrit cette publication à la Deutsche Nationalbibliografie; des données bibliographiques détaillées sont disponibles sur internet à l'adresse http://dnb.d-nb.de.
Toutes marques et noms de produits mentionnés dans ce livre demeurent sous la protection des marques, des marques déposées et des brevets, et sont des marques ou des marques déposées de leurs détenteurs respectifs. L'utilisation des marques, noms de produits, noms communs, noms commerciaux, descriptions de produits, etc, même sans qu'ils soient mentionnés de façon particulière dans ce livre ne signifie en aucune façon que ces noms peuvent être utilisés sans restriction à l'égard de la législation pour la protection des marques et des marques déposées et pourraient donc être utilisés par quiconque.

Photo de la couverture: www.ingimage.com

Editeur: Éditions universitaires européennes est une marque déposée de Südwestdeutscher Verlag für Hochschulschriften GmbH & Co. KG
Dudweiler Landstr. 99, 66123 Sarrebruck, Allemagne
Téléphone +49 681 37 20 271-1, Fax +49 681 37 20 271-0
Email: info@editions-ue.com

Produit en Allemagne:
Schaltungsdienst Lange o.H.G., Berlin
Books on Demand GmbH, Norderstedt
Reha GmbH, Saarbrücken
Amazon Distribution GmbH, Leipzig
ISBN: 978-613-1-58779-5

Imprint (only for USA, GB)
Bibliographic information published by the Deutsche Nationalbibliothek: The Deutsche Nationalbibliothek lists this publication in the Deutsche Nationalbibliografie; detailed bibliographic data are available in the Internet at http://dnb.d-nb.de.
Any brand names and product names mentioned in this book are subject to trademark, brand or patent protection and are trademarks or registered trademarks of their respective holders. The use of brand names, product names, common names, trade names, product descriptions etc. even without a particular marking in this works is in no way to be construed to mean that such names may be regarded as unrestricted in respect of trademark and brand protection legislation and could thus be used by anyone.

Cover image: www.ingimage.com

Publisher: Éditions universitaires européennes is an imprint of the publishing house Südwestdeutscher Verlag für Hochschulschriften GmbH & Co. KG
Dudweiler Landstr. 99, 66123 Saarbrücken, Germany
Phone +49 681 37 20 271-1, Fax +49 681 37 20 271-0
Email: info@editions-ue.com

Printed in the U.S.A.
Printed in the U.K. by (see last page)
ISBN: 978-613-1-58779-5

Optimisation Radio dans le réseau GSM

Ce travail à été réalise par :

Mr. MEGNAFI Hicham
Mr. BOUKLI-HACENE Noureddine
Mr. BERRICHI Abdelkader

Ce travail à été collaboré entre le laboratoire de télécommunications de Université Abou-Bekr Belkaid–Tlemcen et la société Algérie Telecom Mobile « MOBILS ».

Résumé :

Le réseau GSM est la première norme de téléphonie mobile dans le monde. Un nombre croissant des abonnés en face des ressources radio limitées demande une utilisation adéquate de ces ressources. L'objectif de ce travail est la réalisation d'un outil d'optimisation permettant l'évaluation des paramètres radio utilisés dans la gestion de la liaison radio.

Abstract :

GSM network is the first norm of mobile telephony in the world. An increased number of subscribers behind limited radio resources need a suitable use of these resources. The objective of this work is the realization of an optimization tool allows the evaluation of radio parameters used in the management of radio link.

Sommaire

5

Liste des figures

INTRODUCTION GÉNÉRALE

Au début des années 80, les systèmes de téléphonie mobile étaient analogiques et ils étaient incapables de supporter une capacité croissante, par conséquent, la convergence a eu lieu vers les systèmes de transmission numérique qui offrent une signalisation plus facile, moins d'interférences, intégration de transmission et de commutation et enfin une aptitude à supporter et à gérer plus de trafic et par suite une capacité meilleure.

Le réseau GSM est la première norme de téléphonie cellulaire qui soit pleinement numérique. C'est la référence mondiale pour les systèmes radio mobiles.

GSM offre à ses abonnés des services qui permettent la communication de stations mobiles de bout en bout à travers le réseau, la téléphonie est la plus importante des services offerts. Ce réseau permet la communication entre deux postes mobiles ou entre un poste mobile et un poste fixe, les autres services proposés sont la transmission de données et la transmission de messages alphanumériques courts. Le GSM présente des services supports sans restriction sur le type des données utilisées par l'utilisateur, il transporte les informations sans modification de bout en bout en mode circuit dans le réseau ce qui garantie la chronologie des informations échangées. Dans le système GSM, les données de l'utilisateur et la signalisation du réseau sont transportées dans des canaux de communication différents.

Ce travail s'appuie sur une étude des différentes procédures effectuées entre le mobile et le réseau dans le but de comprendre le fonctionnement d'un réseau GSM. Ceci nous permet d'optimiser dans l'interface radio et de définir parfaitement les paramètres radio.

Cette étude s'articule autour de quatre parties distinctes.

Dans un premier temps, nous avons décrit principalement l'architecture du réseau et quelques techniques utilisées dans la norme GSM.

La deuxième partie décrit la signalisation échangée entre le mobile et le réseau pour effectuer les différentes procédures de l'état connecté sans décrire les paramètres radio.

Dans le troisième chapitre, nous avons traité les paramètres radio essentiels pour gérer les procédures nécessaires pour assurer la mobilité.

Au cours du dernier chapitre, nous avons présenté brièvement le concept d'optimisation et nous somme intéressé à la simulation des procédures de sélection/ré-sélection de cellule en fonction des paramètres radio étudiés dans le troisième chapitre par l'interface réalisée. Aussi, nous présentons un exemple de manipulation des paramètres radio.

L'interface réalisée permet de simuler la sélection/ré-sélection de la cellule et l'analyse du Drive Test, elle présente une grande souplesse pour son utilisateur grâce à l'utilisation des interfaces graphiques.

Le langage choisi pour la réalisation de l'interface est le BORLAND C++ BUILDER 6. Ce choix repose sur le fait que BORLAND possède toute la puissance du langage C++ orienté objet et en plus il offre la possibilité de développer rapidement des applications sous Windows grâce à ses différentes bibliothèques.

I.1 INTRODUCTION :

Dans les dernières années, les moyens de communication tiennent une place particulièrement importante. L'utilisation de la norme GSM 900/DCS 1800 a pris des proportions telles qu'il est difficile de travailler sans ces outils. Le succès instantané de ce type de service vient sans doute du fait qu'il est souvent très pratique de pouvoir être joint n'importe où et n'importe quand. Les réseaux de type GSM sont des réseaux complètement autonomes. Ils sont interconnectables aux RTCP (Réseaux Terrestres Commutés Publics) et utilisent le format numérique pour la transmission des informations, qu'elles soient de types voix, données ou signalisation. Dans ce chapitre, on va parler sur l'architecture du réseau et quelques techniques utilisées dans la norme GSM.

I.2 HISTORIQUE :

L'histoire du GSM a commencé en 1979. En effet, à cette date. L'UIT a ouvert la bande des 900 Mhz aux services mobiles. Trois ans plus tard, la Conférence Européennes des administrations des Postes et Télécommunications (CEPT) crée le Groupe Spécial Mobile (GSM).il y a eu allocation de sous bandes de largeurs de 25 Mhz. La bande de fréquence de 890 à 915 Mhz pour l'émission à partir des stations mobiles et de 935 à 960 Mhz pour l'émission à partir des stations fixes.

En 1987 le groupe GSM choisit la transmission numérique avec multiplexage temporel, le type de modulation, le cryptage des informations sur le canal radio ainsi qu'un nouveau codage de la parole. En 1991, la première communication expérimentale par GSM (GSM Phase 1) ait lieu. Au passage, le sigle GSM change de signification et devient Global System for Mobile communications et les spécifications sont adaptées pour un système fonctionne dans la bande des 1800 Mhz appelé DCS 1800 (Digital Cellular System). L'unification des deux systèmes (GSM 900 et DCS 1800) est fut en 1995 appelée GSM Phase 2 [1], dans cette année, nombreux services sont ajoutés telles que les messages courts, fax, le double appel, facturation,...etc. Depuis 1995, [1] GSM Phase 2+ spécifie les terminaux bi-modes permettant une compatibilité totale GSM 900 - DCS 1800.

I.3 LES CARACTÉRISTIQUES DU GSM :

I.3.1 Une approche réseau :

La téléphonie mobile par GSM occupe deux bandes de fréquences aux alentours des 900 Mhz.

✓ de 890 à 915 [Mhz] pour la transmission du terminal vers le réseau (Uplink),

✓ de 935 à 960 [Mhz] pour la transmission en sens inverse (Downlink).

La largeur de bande de chaque sens est divisée en 124 canaux de 200 Mhz de largeur. Ces canaux ne sont pas suffisants dans les grandes villes, donc, il s'est avéré nécessaire d'attribuer une bande supplémentaire aux alentours des 1800 Mhz. C'est le système DCS 1800 dont les caractéristiques sont quasi identiques au GSM en ternes de protocoles et de service. Les communications montantes en faisant alors entre 1710 et 1785 [Mhz] et les communications descendantes entre 1805 et 1880 [Mhz].

Pour augmenter la capacité du réseau, GSM utilise les deux techniques de multiplexage FDMA (Frequency Division Multiple Access) et TDMA (Time Division Multiple Access). Il utilise aussi une version filtrée de la modulation de phase appelée GMSK (Gaussian Modulated Shift Keying) [2].

	GSM	DCS 1800
Bande de fréquences Uplink Downlink	890 – 915 Mhz 935 – 960 Mhz	1710 – 1785 Mhz 1805 – 1880 Mhz
Ecart duplex (entre les deux bandes)	45 Mhz	95 Mhz
Rapidité de modulation	271Kbps	
Débit de la voix	13 Kbps 5.6 Kbps (Demi-débit)	
Débit maximale de données	12 Kbps	
Accès multiple	FDMA et TDMA	
Rayon des cellules	0.3 Km à 30 Km	0.1 Km à 4 Km
puissance	2 w (et 8 w)	1 W

Tableau I-1 : Caractéristiques techniques [2]

Le réseau GSM est un système global, les différents PLMN (Public Land Mobile Network : un opérateur occupe un certain nombre de 124 canaux) sont interconnectés dans le monde. GSM est un système évolutif. Ainsi le passage du GSM au DCS 1800 ne nécessite que des modifications mineures. [2]

Avec le GPRS, le réseau GSM a évolué vers les communications par paquets permettant des débits utilisateurs de plus de 100 Kbps. Il constitue donc une base solide pour les systèmes mobiles universels de $3^{\text{ème}}$ génération (IMT 2000 : International Mobile Telecommunication 2000 offre un débit de 2 Mbps).

I.3.2 Les services :

Avec une efficacité spectrale, une grande capacité, une bonne qualité de la voix, la sécurité et le roaming ; GSM offre une diversité du service telles que les téléservices, les services supports et les services supplémentaires.

I.3.2.1 Les services supports (bearer services) :

Ce sont les services qui offrent la capacité de transmission à travers le réseau avec des caractéristiques techniques de débit, de taux d'erreurs, de mode transmission (synchrone, asynchrone). Le service fourni peut être vu comme un tube permettant d'échanger des informations.

I.3.2.2 Les téléservices (teleservices) :

Les téléservices sont les applications opérationnelles offertes par le réseau à ses abonnés tels que la transmission d'information d'usager à usager (entre deux postes mobiles ou un mobile vers un fixe).

Le service d'appel d'urgence génère automatiquement un appel à destination d'un service d'urgence.

L'échange des messages alphanumériques courts SMS (Short Message Service) en point à point ou en diffusion.

I.3.2.3 Les services supplémentaires (supplementary services) :

Les services supplémentaires améliorent les téléservices, On cite : [3]
o Identification du numéro de l'appelant,
o Renvoi d'appel (systématique, en occupation, …),

o Double appel (mise en instance/ attente),

o Conférence (appel multiparti, groupe fermé d'usagers),

o Facturation (indication du montant avec ou sans interdiction),

o Restriction d'appel (interdiction des appels sortants, internationaux),

o …

I.3.3 Le concept cellulaire :

Le concept cellulaire est la division du territoire en de petites zones appelées cellules, chaque cellule est desservie par une station de base, et de partager les fréquences radio entre celles-ci. Ces fréquences ne peuvent pas être utilisées dans les cellules adjacentes afin d'éviter les interférences. Ainsi, on définit des motifs constitués de plusieurs cellules, dans lesquels chaque fréquence est utilisée une seul fois. Une cellule se caractérise par sa puissance d'émission nominale qui va définit la taille de la zone de couverture, elle est caractérisée aussi par la fréquence porteuse utilisé pour l'émission radioélectrique et par le réseau auquel elle est interconnectée. Il faut noter que la variation de la taille des cellules dépend : du nombre d'utilisateur dans la zone, la configuration du terrain (relief géographique, présence d'immeuble,…), la nature des constructions (maisons, buildings,…) et de la localisation (urbaine, suburbaine et rurale). [4]

Dans les zones urbaines denses, l'opérateur utilise des microcellules (de quelques centaines de mètres de rayon) pour écouler un trafic important par unité de surface. Ainsi, pour couvrir l'intérieur des bâtiments on place des pico-cellules. Dans ces zones, l'opérateur va réutiliser au maximum les fréquences disponibles, l'interférence co-canal et canaux adjacents (I) va être prépondérante par rapport au bruit (N), donc, le rapport signal sur bruit est : $\frac{C}{I+N} \approx \frac{C}{I}$ (N≪ I).

Dans les zones rurales (faiblement peuplées), les cellules sont de tailles importantes (aux maximum 35 Km) et sont appelées des macrocellules. Dans ces zones, les interférences sont négligeables devant le bruit. Il suffit alors qu'en tout point de la cellule, le signal a une puissance supérieure à la sensibilité du récepteur pour que la qualité des signaux reçus soit acceptable. [2]

Les systèmes de radiotéléphonie cellulaire sont donc adaptés à des environnements très variés (zones urbaines ou rurales, usagers fixes ou mobiles, intérieur et extérieur des immeubles).

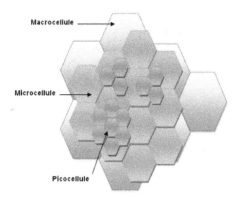

Figure I.1 : Types des cellules

I .4 L'ARCHITECTURE DU RÉSEAU GSM :

Le réseau GSM a pour rôle d'assurer la mobilité tout en conservant l'accès au réseau fixe. La figure suivante montre les entités principales du réseau GSM.

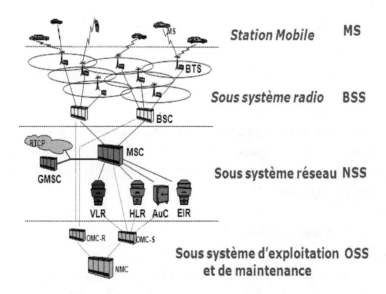

Figure I.2 : Architecture du GSM [5]

14

Le réseau GSM est composé de trois sous systèmes :

- le sous système radio appelé BSS (Base station Sub-System) : c'est le réseau d'accès radio qui assure la transmission radioélectrique et gère la ressource radio.

- le sous système d'acheminement appelé NSS (Network Sub-System) ou SMSS (Switching and Management Sub-System) qui comprend l'ensemble des fonctions nécessaire à l'établissement des appels et à la gestion de la mobilité. On peut dire que le NSS est le réseau cœur GSM.

- le sou système d'exploitation et de maintenance appelé OSS (Operation Sub-System) qui permet à l'opérateur d'administrer le réseau (coûts, performances, erreurs, sécurité,..).

I.4.1 Sous système radio (BSS):

Il contient la station de base BTS (Base Tranceiver Station) qui assure la couverture radioélectrique d'une cellule, et le contrôleur de station de base BSC (Base Station Controller) qui supervise une ou plusieurs stations de base et joue le rôle de passerelle entre les stations de base et le centre de communication du service mobile MSC.

I.4.1.1 Station de base (BTS) :

La BTS est un ensemble d'émetteurs- récepteurs appelés TRX pilotant une ou plusieurs cellules. Elle a la charge de la transmission radio (modulation, démodulation, codage correcteur d'erreurs, multiplexage,…). Elle réalise aussi l'ensemble des mesures radio nécessaire pour vérifier qu'une communication en cours se déroule correctement. Ces mesures ne sont pas exploitées par la BTS, mais directement transmises au BSC.

La capacité d'une BTS est typiquement de 12 et une porteuse assure 7 communications simultanées par multiplexage, c'est-à-dire qu'elle peut supporter au plus une centaine de communications simultanées. [2]

I.4.1.2 Contrôleur de station de base (BSC) :

Le Contrôleur Station de Base gère une ou plusieurs stations de base (BTS) et communique avec elles par le biais de l'interface Abis. Le BSC est l'organe intelligent du BSS chargé de la gestion des ressources radio (allocation des canaux, utilise les mesures effectuées par la BTS pour contrôler les puissances d'émission du mobile et/ou de la BTS. Prend la décision du handover). Il réalise la concentration des circuits vers le MSC.

Le BSC gère plusieurs BTS avec différents configurations de reliage, la configuration en étoile, en chaine et en chaine avec sectorisation.

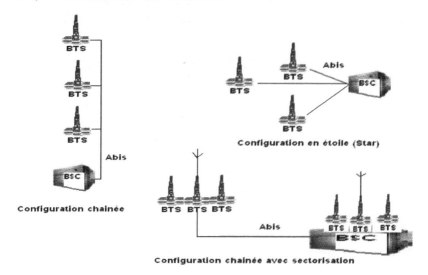

Figure I.3 : Différentes configuration BSC-BTS [2]

I.4.2 Sous système réseau (NSS) :

I.4.2.1 Enregistreur de localisation nominale (HLR) :

Le HLR (Home Location Register) est une base de données de localisation et de caractéristiques des abonnés d'un PLMN donné. Il mémorise les caractéristiques de chaque abonné (l'identité IMSI, le numéro MSISDN, le profil de l'abonnement (services supplémentaires alloués)).

Toutes ces données sont rentrées par l'opérateur à partir de son système d'administration.

D'autre part le HLR est une base de données de localisation. Il mémorise pour chaque abonné le numéro du VLR où il est enregistré. Cette localisation est effectuée à partir des informations émises par le terminal à travers le réseau. Le réseau identifie le HLR associe à chaque abonné à travers le numéro MSISDN ou de l'identité IMSI de l'abonné.

I.4.2.2 <u>Commutateur (MSC)</u> :

Le MSC (Mobile- service Switching Centre) est parfois appelé centre de commutation des mobiles, généralement, il est associé au base de donnée VLR. Il gère l'établissement des communications entre un mobile et un autre, la transmission des messages courts et l'exécution du handover. Il dialogue avec le VLR pour gérer la mobilité des usagers (transfert des informations de localisation,...).

Le MSC assure aussi l'interconnexion entre le réseau mobile et le réseau fixe public.

I.4.2.3 <u>Enregistreur de localisation des visiteurs (VLR)</u> :

Le VLR (Visitor Location Register) est une station de base donnée associée à un MSC. Il mémorise les informations dynamiques relatives aux abonnés de passage dans une zone du réseau appelée zone de localisation (LA : Lcation Area). Cette gestion est importante pour connaitre dans quelle cellule se trouve un abonné pour l'acheminement d'appel, et à chaque changement de la cellule par un abonné, le réseau doit mettre à jour le VLR du réseau visité.

I.4.2.4 <u>Centre d'authentification (AUC)</u> :

Un AUC (Authentication Center) est associé à chaque HLR. C'est une base de données qui contient les paramètres utilisés pour la gestion de la sécurité de l'accès au système, il mémorise pour chaque abonné une clé secrète utilisée pour authentifier les demandes de services et pour chiffrer les communications.

I.4.2.5 <u>Enregistreur des identités des équipements (EIR)</u> :

L'EIR (Equipement Identity Register) est une base de données annexe contenant les identités des terminaux. Chaque terminal reçoit un identifiant unique IMEI (International Mobile Station Equipment Identity), donc un opérateur peut refuser l'accès d'un terminal au réseau.

I.4.3 Le sous système d'exploitation et de maintenance (OSS) :

L'OSS (Operation Sub- System) permet d'administrer le réseau d'un opérateur. Selon la norme GSM 12.00, l'OSS présente deux niveaux :

- les OMC (Operations and Maintenance Centre),

- les NMC (Network Management Centre),

Le NMC permet l'administration générale de l'ensemble du réseau d'un opérateur par un contrôle centralisé.

Les OMC permettent une supervision locale des équipements (BSC/MSC/VLR) et transmettent au NMC les incidents majeurs survenus sur le réseau [2].

Les OMC sont composées des OMC-R (OMC-Radio) qui supervisent le sous système radio et des OMC-S (OMC-System) qui supervisent le sous système réseau [5].

I.4.4 La station mobile (MS) :

Le terme station mobile désigne un terminal équipé d'une carte SIM (Subscriber Identity Module). Différents types de terminal sont prescrits par la norme on fonction de leur application (fixé dans une voiture, portatif) et de leur puissance (en général 2W). Chaque terminal mobile est identifié par un code unique IMEI (International Mobile Equipement Identify). Ce code est vérifié à chaque utilisation et permet la détection et l'interdiction des terminaux volés. [2]

La carte SIM permet aux abonnés une mobilité personnelle indépendante de l'équipement terminal utilisé. Cette carte à puce possède dans sa mémoire toutes les caractéristiques de l'abonnement et mémorise l'environnement de l'utilisateur (liste des numéros abrégés, mot de passe personnel, numéros appelés,...) et l'environnement radio (caractéristiques du dernier réseau sur lequel l'usager s'est connecté,...).

I.5 NUMÉROTATION LIÉ À LA MOBILITÉ :

Le système GSM utilise quatre types d'adressage liés à l'abonné :

I.5.1 L'identité IMSI (International Mobile Station Identity) :

C'est l'identité permanente du mobile, elle est rarement transmise dans l'interface radio. L'IMSI n'est pas connue par l'utilisateur.

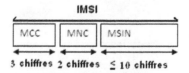

Figure I.4 : Structure de l'IMSI

L'IMSI est comprend trois parties :

- MCC (Mobile Country Code) : Indicatif du pays domicile de l'abonné.

- MNC (Mobile Network Code) : Indicatif du PLMN nominal de l'abonné.

- MSIN (Mobile Suscriber Identification Number) : Numéro de l'abonné mobile à l'intérieur du réseau GSM d'un PLMN. [3]

I.5.2 L'identité TMSI (Temporary Mobile Suscriber Identity):

C'est l'identité temporaire allouée de façons locale (VLR), elle est utilisée pour identifier le mobile appelé et appelant lors de l'établissement d'une communication de façon optionnelle. Le numéro TMSI n'est connu que par la partie MS-MSC/VLR.

I.5.3 Le numéro IMSISDN (Mobile Station ISDN Number) :

C'est l'identité du mobile pour l'extérieur. Le MSISDN est le numéro que composera une personne désirant joindre un abonné GSM. Seul le HLR contient la table de correspondance entre le MSISDN et l'IMSI de l'abonné. [2]

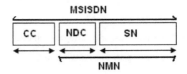

Figure I.5 : Structure du MSISDN

Avec : - CC (Country Code) : Indicatif du pays de l'abonné mobile.

- NMN (National Mobile Number) : composé de NDC (National Destination Code) indiquant le numéro du PLMN dans le pays et le SN (Suscriber Number) : numéro attribué à l'abonné librement par l'opérateur. [3]

I.5.4 Le numéro MSRN (Mobile Station Roaming Number) :

Il permet le routage des appels vers le MSC d'une station mobile. Le MSC est attribué par le VLR courant d'un mobile de façon temporaire et uniquement lors de l'établissement d'un appel à destination mobile. Il a la même structure que le MSISDN. [2]

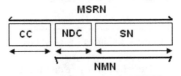

Figure I.6 : Structure du MSRN

- CC : Code pays du VLR courant du mobile,

- NDC : Code du PLMN du VLR courant du mobile,

- SN : numéro de l'abonné.

I.6 LES INTERFACES DU RÉSEAU :

Les interfaces sont des composantes importantes du réseau car elles assurent le dialogue entre les équipements et permettent leur interfonctionnement. La normalisation des interfaces garantit l'interopérabilité des équipements hétérogènes produits par des différents constructeurs.

- l'interface radio « Um » est localisée entre la station mobile et la station de base (MS-BTS). C'est l'interface la plus importante du réseau.

- l'interface « A-bit » relie une station de base à son contrôleur (BTS-BSC).

- L'interface « A » se situe entre un contrôleur et un commutateur (BSC-MSC).

Nom	Localisation	Utilisation
Um	MS-BTS	Interface radio
Abis	BTS-BSC	Divers
A	BSC-MSC	Divers
C	GMSC-HLR	Interrogation du HLR pour appel entrant
C	SM-GMSC-HLR	Interrogation du HLR pour message court entrant
D	VLR-HLR	Gestion des informations d'abonnés et de localisation
	VLR-HLR	Services supplémentaires
E	MSC-SM-GMSC	Transport de messages courts
	MSC-MSC	Exécution du hand over
G	VLR-VLR	Gestion des informations des abonnés
F	MSC-EIR	Vérification de l'identité du terminal
B	MSC-VLR	Divers
H	HLR-AUC	Echange des données d'authentification

Tableau I-2 : Les interfaces du réseau [6]

I.7 LA TRANSMISSION RADIO :

I.7.1 Les canaux physiques :

Pour augmenter la capacité du réseau, le GSM met en œuvre deux techniques de multiplexage au niveau de l'interface Um : un multiplexage fréquentiel FDMA (Frequency

Division Multiple Access) et un multiplexage temporel TDMA (Time Division Multiple Access).

I.7.1.1 Multiplexage fréquentiel FDMA :

Afin de réutiliser les ressources, le multiplexage fréquentiel FDMA divise en 124 canaux de 200KHZ de large chacun, les deux plages de fréquences (890-915 KHZ) pour la liaison montante et (935-960KHZ) pour la liaison descendante; ce qui offre 124 voies de communications duplex en parallèle et chaque sens de communication possède une voie qui est lui réservée.

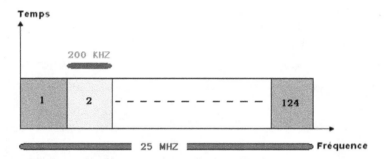

Figure I.7 : Multiplexage FDMA

Chaque porteuse (canal) est identifiée de manière unique par un numéro, donc la relation entre ce numéro et la fréquence est : [7]

- Pour GSM 900 (1< = n <= 124) :

    $F_u(n) = 890 + (0.2*n)$ Mhz   → la voie montante,

    $F_d(n) = f_u(n) + 45$ Mhz   → la voie descendante (45 Mhz est l'écart duplex).

- Pour DCS 1800 (512<= n <= 885)

    $F_u(n) = 1710.2 + 0.2 \times (n - 512)$ Mhz →Uplink

    $F_d(n) = f_u(n) + 95$ Mhz   →Downlink (95Mhz est l'écart duplex).

I.7.1.2 Multiplexage temporel TDMA :

Pour permettre d'augmenter le nombre de communications simultanés, le multiplexage temporel partage l'usage d'une voie de transmission entre 8 intervalles de temps (IT) appelés slots. Un canal de transmission offre un débit D par unité du temps, ce débit est divisé en 8 pour transmettre successivement les huit communications avec un débit d= D/8. Chaque communication occupe un IT fixe en GSM et dure 0.5769 ms. [5]

21

Un slot accueille un élément de signal radioélectrique appelé paquet « Burst ». Sur une même porteuse, les slots sont regroupés par 8 appelé trame. La duré d'une trame est donc $T_{TDMA}=8T_{slot}=4.6152$ ms

Pour permettre le basculement d'un mobile du mode réception en mode émission, les deux liaisons (uplink et downlink) sont décalées de 3 fois la durée d'un T_{slot}.

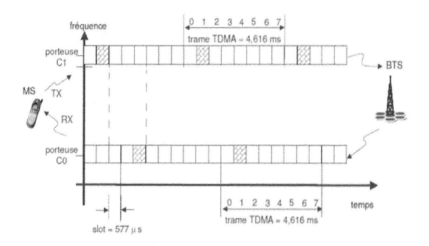

Figure I.8 : Multiplexage TDMA et le décalage entre les deux liaisons Ul /Dl [3]

I.7.1.3 Structure des trames:

La transmission radio utilise plusieurs formes de trame TDMA sont hyper-trame, super-trame, multitrame et une simple trame.

Trame : en GSM la trame TDMA est divisée en 8 intervalles de temps (IT), chaque IT peut contenir un type spécifique d'information. Une trame est l'élément élémentaire d'autres structures qui forment une hiérarchie :

Multi trame : on distingue deux types de multi trames :

> *Multi trame de trafic* : contient 26 trames utilisées pour transporter le trafic (voix, donnés et les signalisations nécessaires pour ce trafic) [1]. Cette multitrame est utilisée pour porter le TCH, SACCH et FACCH (voir les canaux logiques) [9].

> *Multi trame de contrôle* : contient 51 trames portent toutes les informations nécessaire pour le contrôle de la liaison hertzienne entre une MS et une BTS [1]. Cette multitrame est utilisée pour porter le SCH, BCCH, CCCH, SDCCH, SACCH et CBCH [8].

Super trame : elle est composée de 26 multi trame de contrôle, ou de 51 trame de trafic. Ce qui donne un cycle de1326 trames pendant 6.12 s. [5]

Hyper trame : elle comporte 2048 super trame, équivalent à 2715640 trames.

I.7.1.4 Les bursts (paquets) :

La structure d'un paquet est un corps porteur d'informations utiles, précédé et suivi par un TB (Tail Bits) qui serve à délimiter le début et la fin de la trame. Une période de garde (GP) permet de compenser la durée de transmission. [2]

TB	Corps	TB	GP

Figure I.9 : Structure d'un paquet GSM [8]

Il existe 5 types de bursts :

> **Burst d'accès (AB):**
Ce burst est émis, sur un canal dédié, par la MS lorsqu'elle cherche à entrer en contact avec le réseau soit pour l'établissement d'une communication, soit pour un handover. Il transport 77 bits (41 bits de synchronisation et 36 bits d'informations) et une longue période de garde (68.25 bits) pour tenir compte le cas de transmission d'un burst par une MS ne connaissant pas l'avance de synchronisation lors de l'accès initial et le handover. Sa période de garde est de 252 ms lui permet de s'insérer complètement dans un slot de la BTS sans chevaucher sur les slots voisins. [5]

> **Burst de synchronisation (SB) :**
Il transport 2×39 bits d'information composée de 19 bits pour le RFN (numéro réduit de trame), 6 bits pour le BSIC afin de discriminer plusieurs BTS peu éloignées ayant les mêmes fréquences porteuses, 10 bits de CRC et 4 bits de trainées. Il porte aussi 64 bits pour la

séquence étendue d'apprentissage, ce qui permit au MS de faire une analyse finale du canal et de se synchroniser sur la trame TDMA de la BTS.

> **Burst de correction de fréquence (FB):**

Contient 142 bits envoyés par la station de base pour synchroniser la fréquence du MS sur le canal FCCH, donc permet de prévenir des interférences possibles entre les fréquences voisines. [4]

> **Burst normal (NB) :**

Il structure le transport des canaux de trafic TCH, de contrôle et de diffusion BCCH, de paging PCH et d'allocation de ressource AGCH. Il transport 114 bits d'informations séparées par 26 bits qui sont une séquence d'apprentissage destinée à régler les paramètres de réception. Il contient 2×1 bits de préemption pour indiquer s'il s'agit d'un canal de données ou d'un canal de signalisation ; ainsi, on peut voler la ressource au canal TCH pour transmettre de la signalisation en mettant le drapeau à 1 (cas du handover).

> **Burst de bourrage (DB) :**

Ce burst est une séquence qui sert d'étalon de la puissance. Il est aussi utilisé pour forcer une décision de handover. Il présente la même structure que le burst normal, à part qu'à la place des données (2×57 bits), on a une séquence fixe ne transportant pas d'information.

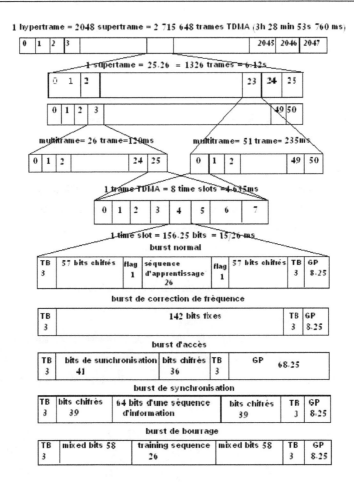

Figure I.10 : les bursts et les trames [8]

I.8.2 Les canaux logiques :

Le Time Slot est l'élément de base d'un canal physique, cet élément peut porter différents informations, cependant il faut répartir ces informations sur le support physique chaque une par leur type de fonction. Ce qui forme un autre type de canaux appelés canaux logiques. Ils sont regroupés selon la nature des fonctions (trafic, contrôle) qu'ils assurent, et aussi selon la nature de diffusion (dédiés ou commun) de l'information. [2]

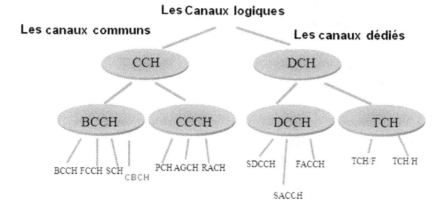

Figure I.11 : les canaux logiques [7]

I.7.2.1 Les canaux dédiés DCH (Dedicated CHannel) :

Ce sont des canaux point à point dédiés à un utilisateur en particulier. Le mobile se voit attribuer une paire de slots dans laquelle il est seul à émettre et recevoir.

1 *Le canal dédié de trafic TCH (Traffic CHannel) :*

Ce canal est utilisé pour le transfert de la parole et des données usager après l'établissement de la communication. Il est utilisé en multitrame 26 avec un autre canal qui lui associé pour assurer un contrôle. [2]

Il y a deux types de canaux TCH : TCH/F (plein débit) et TCH/H (demi-débit).

➤ Le TCH/F offre un débit de 13 Kbps pour la voix et 9600 bps pour les données.

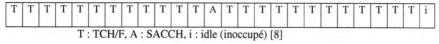

T : TCH/F, A : SACCH, i : idle (inoccupé) [8]

➤ Le TCH/H permet d'augmenter la capacité du réseau avec un débit 5.6 Kbps pour la voix et 4.8 Kbps pour la transmission des données.

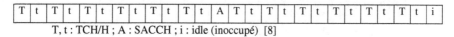

T, t : TCH/H ; A : SACCH ; i : idle (inoccupé) [8]

T corresponde à un utilisateur et t corresponde à un autre utilisateur,

2 *Les canux dédiés de contrôle DCCH (Dedicated Control CHannel) :*

2.1 Canal de commande dédié autonome SDCCH (Stand alone Dedicated Control CHannel) :

Ce canal de signalisation a pour rôle l'assignation d'un canal TCH, la mise à jour de la localisation.

2.2 Canal de contrôle lent associe SACCH (Slow Associated Control CHannel) :

Il associé aux canaux TCH et SDCCH afin de les contrôler car la liaison radio est fluctuante, donc le SACCH assure différents types de contrôle ou de signalisation tel que : [8]

- Compensation du délai de propagation TA (Time Advance).
- Contrôle de la puissance d'émission du mobile.
- Contrôle de la qualité radio.
- Rapatriement des mesures effectuées par la MS sur les BTS voisines.

Le débit du SACCH est faible (380 bps), donc il ne convient pas aux actions qui doivent être faites rapidement comme le handover.

2.3 Canal de contrôle rapide associé FACCH (Fast Associated Control CHannel) :

Ce canal est utilisé particulièrement pour le Handover. Il utilise les ressources du TCH pour transmettre ses informations de signalisation lors d'une communication. Le canal FACCH représente donc un vol de la capacité normalement aux informations utilisateur dans le TCH.

On effectue un entrelacement (multiplexage) entre le TCH et le FACCH. Pour indiquer le vol du TCH, on utilise les deux bits (flag) présents de part et d'autre de la séquence de données dans le TCH. Lorsque la moitié du burst normal (TCH) supporte les informations utilisateur, le bit flag est à 0. Lorsqu'il transporte des informations de signalisation (FACCH), il est à 1.

T	T	T	T	T	T	T	T	F	F	F	F	A	T	T	T	T	T	T	T	T	T	T	T	I
				F	F	F	F	T	T	T	T													

T : TCH, F : FACCH, A : SACCH ; i : idle (inoccupé) [8]

I.7.2.2 Les canaux communs CCH (Commun CHannel):

Ce sont des canaux point à multipoints ou point à point unidirectionnels utilisés pour le transfert d'information d'un ou de plusieurs utilisateurs.

1 *Les canaux de diffusion BCH (Broudcast CHannel) :*

Ils portent les informations nécessaires pour adapter le mobile dans le réseau (transmets dans le sens descendant).

1.1 Canal de correction de fréquence FCCH (Frequency Correction CHannel) :

Le canal FCCH consiste en un burst FB composé de 148 bits à 0. S'il est émis sur une fréquence, il donne un signal sinusoïdal. Il correspond donc à une porteuse pure légèrement décalée en fréquence qui permet un calage fin de l'oscillateur du mobile. Le canal FCCH est présent seulement sur le Time Slot 0 (TS_0) de la voie balise. Il est émis dans les trames 0, 10, 20, 30 et 40 d'une multitrame de contrôle. Il est donc émis 5 fois en 235,8 ms soit environ 21 fois par seconde. [2]

1.2 Canal de synchronisation SCH (Synchronisation CHannel) :

Il est toujours situé après le burst FCCH. Il consiste en un burst SB n'est émis dans le TS_0 de la voie balise. Il porte des informations relatives à la structure des trames dans la cellule (le numéro de la trame TDMA) ainsi que le code d'identification de la station de base (BSIC) de la station sélectionnée (pour colorier des stations de base ayant la même fréquence BCCH). Il est émis 5 fois dans une multitrame de contrôle, donc 21 fois par seconde [2]. Le SCH permet:

✓ Au MS de synchroniser par rapport aux divers niveaux de trame,

✓ Pour différencier deux canaux de diffusion venant de deux BTS sur la même fréquence, [9]

1.3 Canal de contrôle de diffusion BCCH (Broadcast Control CHannel) :

Il porte des informations concernant la cellule telles que : [9]

• La puissance d'émission (Max et Min) pour le mobile,

• Le minimum de puissance reçue,

• Les fréquences des cellules adjacentes,

• Le numéro de la zone de localisation LAI (Location Area Identity).

Il consiste en un burst normal (NB) qui peut être situé sur les slots 0, 2, 4, et 6.

1.4 Canal de transmission radio à partir d'une cellule CBCH (Cell Broadcast CHannel) :

Il diffuse, aux usagers présents dans la cellule, des informations spécifiques (information routières, météo, …).

2 *Canaux communs de contrôle CCCH (Common Control CHannel) :*

Ils sont réservés pour les opérations de gestion des communications (établissement, allocation de canaux de trafic).

2.1 Canal d'accès aléatoire RACH (Random Access CHannel) :

Il transmit sur la liaison montante. Le RACH est utilisé lorsque la MS désire entrer en contact avec le réseau.

2.2 Canal de recherche PCH (Paging CHannel) :

Ce canal est transmit sur la liaison descendante. La MS se met à l'écoute de recherche à intervalles réguliers pour voir si un réseau désire la contacter suite à l'arrivée d'un appel, d'un message court ou d'une authentification. Ce message de recherche comprend le numéro de signalisation du MS (IMSI) ou un numéro provisoire (TMSI). Le mobile répond alors sur la cellule dans laquelle il se trouve par un accès aléatoire sur le canal RACH. [2]

2.3 Canal d'allocation de ressource AGCH (Access Grant CHannel) :

Lorsque l'infrastructure reçoit une requête de la part d'un mobile, il faut allouer un canal de signalisation dédié pour identifier le mobile, l'authentifier est déterminer précisément sa demande.

L'allocation d'un canal dédier se fait sur les slots définis qui forment le canal AGCH. Le message d'allocation contient la description complète du canal de signalisation utilisé : numéro de porteuse et numéro de slot, description complète du saut de fréquence s'il est implanté. Il contient aussi le paramètre TA (Time Advance). [9]

I.8 CONCLUSION :

Dans ce chapitre, nous avons présenté le réseau GSM avec les différentes techniques de base définies dans la norme GSM. Ces techniques offrent une meilleure qualité de communication et une signalisation en temps réel entre les entités du réseau. Dans le chapitre deux, on va voir la signalisation échangée pour effectuer quelques procédures définies en GSM.

II.1 INTRODUCTION :

L'architecture du réseau GSM comporte plusieurs entités communiquant entre eux par différents protocoles bien déterminés pour assurer le bon fonctionnement de la signalisation effectuée entre le mobile et l'ensemble réseau durant les différents états de la station mobile.

Une station mobile peut être dans trois différents états :

- L'état détaché quand la MS est éteinte ou la carte SIM est désactivée
- L'état attaché quand la MS est allumée et la carte SIM est activée, ainsi, cet état possède aussi deux états suivants :
  - ✓ L'état de veille : la MS écoute la voie balise (les porteuses BCCH) et les messages de recherche (PCH).
  - ✓ L'état connecté : la MS a une connexion dédiée au réseau.

Le changement d'un état de veille à un état connecté peut être le résultat d'une mise à jour de localisation, un établissement d'un appel, un transfert de message court, ou une procédure de service supplémentaire. Le changement de cellule dans l'état actif (connecté) est appelé le handover (transfert automatique).

Ce chapitre décrit la signalisation échangée pour effectuer les différentes procédures de l'état connecté sans décrire les paramètres radio échangés entre le mobile et le réseau.

II.2 MISE À JOUR DE LA LOCALISATION :

Un abonné mobile peut librement déplacer dans le réseau. Pour rendre possible au mobile de recevoir les appels dans n'importe quelle région, le réseau doit rester à jour de la position de l'abonné. La MS informe le système quand elle change la zone de localisation, cette procédure est appelée mise à jour de localisation. On distingue trois types de mise à jour de la localisation :

- Mise à jour normale de la localisation,
- Enregistrement périodique,
- Procédure IMSI attach.

La MS informe aussi le réseau quand elle passe à l'état détaché (IMSI Detach) [10].

II.2.1 Mise à jour normale de la localisation :

Une zone de localisation (LA) contient une ou plusieurs BTS où une MS peut déplacer sans faire la mise à jour de localisation. Cette zone est contrôlée par une ou plusieurs BSC et commutée par un seul MSC.

Les principales étapes nécessaires dans une mise à jour de localisation sont montrées dans la figure suivante.

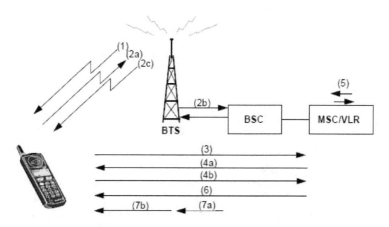

Figure II.1 : Mise à jour normale de la localisation [10]

1. La MS écoute les informations diffusées dans le système, elle compare l'identité LAI (Location Area Identity) reçue avec l'une stockée dans la carte SIM et détecte si elle est entrée dans une nouvelle LA (Location Area). Si l'identité est différente, la MS déclenche la procédure de mise à jour de la localisation de type normal.

2a. La MS demande un canal par l'envoie du message "Channel request" qui inclus la raison de l'accès. Dans cet état, la MS demande une mise à jour de localisation.

2b. La BTS envoie ce message à la BSC qui fait allouer un canal SDCCH s'il existe, et demande au BTS d'activer ce canal.

2c. La MS se cale sur le canal SDCCH.

Les sous étapes (2a, 2b, 2c) appartiennent à la procédure d'établissement de connexion des ressources radio.

3. la MS envoie un message de demande de mise à jour de localisation contenant l'identité de la MS, l'identité de l'ancienne zone de localisation et le type de la mise à jour.

4a. Le paramètre d'authentification est envoyé à la MS. Dans ce cas, la MS est déjà enregistrée dans ce MSC/VLR et le paramètre d'authentification utilisé est stocké dans le VLR.

Si la MS n'est pas déjà enregistrée dans ce MSC/VLR, le HLR approprié ou le précédent MSC/VLR doit être contacté pour récupérer les données de l'abonné et les paramètres d'authentification (n'est pas montré dans la figure II.1).

4b. La MS envoie les calculs d'authentification.

5. Si l'authentification est réussie, le VLR est misé à jour. Le cas échéant, le HLR et l'ancien VLR sont aussi misés à jour.

7a. La BSC interroge la BTS pour libérer le canal SDCCH.

7b. la MS libère le SDCCH et passe à l'état de veille (idle mode).

Dans le cas où la MS est à l'état connecté (busy) lorsqu'elle change la zone de localisation, elle reçoit la nouvelle LAI dans le canal SACCH et la mise à jour de localisation est effectuée après la fin de l'appel. La MS doit établir une nouvelle connexion et déclenche la procédure décrite précédemment [12].

II.2.2 Procédure IMSI Detach :

La procédure Detach est utilisée par la MS quand elle passe à l'état détaché (power off), donc la MS reste allumée quelques instants pour informer le réseau. L'abonné est marqué comme 'Détaché' dans le VLR et il ne sera pas recherché. La figure II.2 montre la procédure IMSI Detach.

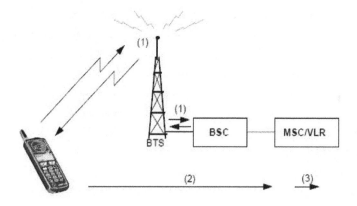

Figure II.2 : IMSI Detach [10]

1. Quand l'abonné fait éteindre le mobile, la MS demande un canal SDCCH.

2. Lorsque le SDCCH est assigné, la MS envoie un message pour informer le réseau de l'état détaché du mobile.

3. Le MSC note l'IMSI comme détaché dans le VLR. Ce dernier ajoute un flag à l'IMSI pour indiquer qu'elle est détachée, donc les appels entrés vers cette identité (IMSI) vont être rejetés.

II.2.3 Mise à jour de la localisation de type IMSI Attach :

L'IMSI Attach est un complément à la procédure IMSI Detach. Elle est utilisée pour signaler au réseau que la MS est allumée. La figure II.3 montre la procédure IMSI Attach.

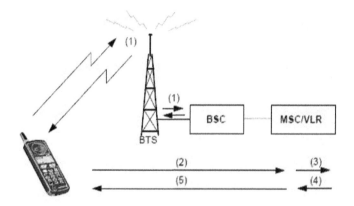

Figure II.3 : Mise à jour de localisation de type IMSI Attach [10]

1. La MS demande un SDCCH.

2. Le système reçoit le message d'IMSI Attach de la MS.

3. Le MSC envoie un message de l'IMSI Attach au VLR. Ce dernier enlève le flag d'IMSI Detach et reprendre les appels vers cette MS.

4. Le VLR renvoie un accusé de réception du messge IMSI Attach au MSC.

5. La MS reçoit le message d'accusé de réception.

La procédure d'IMSI Attach est utilisée quand le flag d'IMSI Detach n'est mis que dans le VLR. Si ce flag est mis dans le HLR, le passage à l'état activé demande une mise à jour de type normal.

II.2.4 Mise à jour de localisation pour enregistrement périodique :

L'enregistrement périodique est un type de mise à jour de localisation utilisé pour éviter les recherches inutiles dans le cas où le MSC n'a jamais reçue un IMSI Detach et, aussi pour prévenir la congestion dans le cas d'un échec dans la base de données.

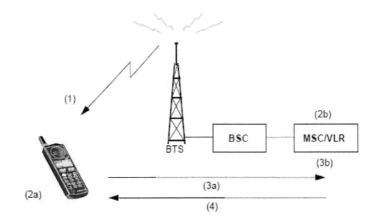

Figure II.4 : Mise à jour de localisation pour enregistrement périodique [10]

1. La MS écoute le système d'information pour détecter si l'enregistrement périodique est utilisé dans la cellule et connaitre la duré écoulée pour faire un autre enregistrement (c'est un paramètre mis par l'opérateur). Si le paramètre est mis à zéro, l'enregistrement périodique n'est pas utilisé dans la cellule.

2. La procédure est controlée par un Timer dans la MS et le MSC.

3a. Quand le temps est expiré, la MS effectue une mise à jour de localisation pour enregistrement périodique. Le Timer est repris dans la MS et le MSC.

3b. Au niveau du MSC, si la MS ne fait pas l'enregistrement pendant une duré déterminée (mis par l'opérateur) plus une période de garde, la MS va être considérée comme détachée [10].

4. le MSC envoie un accusé de réception à la MS.

II.3 HANDOVER :

Un Handover se produit lorsqu'une MS, à l'état connecté, change la cellule. Au cours de la communication, le mobile va aussi être amené à changer le canal pour des raisons essentiellement radio [2]. La BSC prend la décision de changer la cellule, basée sur le résultat des calculs faits par l'algorithme de localisation (Locating Algorithm). Ce dernier évalue l'intensité du signal de la cellule propre du MS et l'intensité des signaux des cellules voisines.

On distingue plusieurs types de Handover (transfert automatique) selon la relation entre la cellule serveuse et la cellule cible [10].

II.3.1 Handover intra-BSC :

Durant la conversation, la MS mesure en permanence l'intensité et la qualité du signal dans la cellule serveuse ainsi que l'intensité du signal sur les porteuses BCCH des cellules voisines. Les principales étapes dans un Handover intra-BSC sont montrées dans la figure II.5.

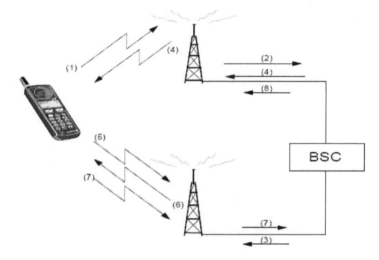

Figure II.5 : Handover intra-BSC d'un appel [10]

1. La MS envoie sur le canal SACCH le rapport des mesures à la BTS.

2. La BTS mesure l'intensité et la qualité du signal sur la liaison montante. Les mesures du BTS et celles du MS sont transmises aux BSC sous forme de rapport toutes les 480 ms. Au niveau de la BSC, l'algorithme de localisation (locating) détermine s'il est nécessaire de faire un Handover en cas d'une faible intensité ou mauvaise qualité du signal dans la cellule serveuse.

3. Si un Handover est demandé, la BSC interroge une BTS dans une nouvelle cellule d'activer un canal TCH.

4. La BSC envoie un message au mobile, par l'intermédiaire de l'ancienne BTS. Ce message contient des informations sur la fréquence, le TS (Time Slot) et la puissance de sortie. Ces informations sont transmises sur le canal FACCH (canal de commande associé rapide).

5. La MS se cale sur la nouvelle fréquence et envoie des bursts d'accès de Handover (HO) dans l'intervalle de temps adéquat, la MS ne disposant pas encore d'informations d'avance de synchronisation (time advance). Pour cette raison, les bursts HO sont très courts (contenant que 8 bits d'information). Les bursts HO sont transmis sur le canal FACCH. [2]

6. Lorsque la nouvelle BTS détecte les bursts HO, elle envoie des informations sur l'avance de synchronisation. Ces informations sont transmises sur le canal FACCH. La BTS informe aussi la BSC par le message "HO Detection".

7. La MS envoie un messge "Handover complete".

8. Le BSC commande à l'ancien BTS de libérer le canal TCH et le SACCH associé.

Dans la procédure du Handover intra-BSC, le BSC commande toutes les opérations, il informe le MSC après que le Handover est effectué (ce n'est pas montré dans la figure II.5).

II.3.2 Handover inter-BSC :

Lorsque la MS entre dans une zone couvrée par une cellule commandé par un autre BSC, un Handover inter-BSC sera demandé. C'est le BSC desservant qui décide de faire un Handover.

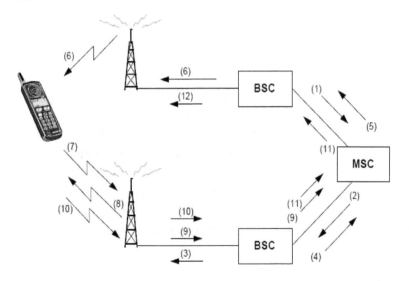

Figure II.6 : Handover inter-BSC d'un appel [10]

1. Le BSC desservant envoie un message "handover required" au MSC, avec l'identité de la nouvelle cellule (cible).

2. Le MSC sait quel est le BSC qui commande cette BTS et envoie un message "handover request" à ce nouveau BSC.

3. Le BSC commande au BTS d'activer un TCH s'il existe un TCH non occupé.

4. Quand la BTS alloue un TCH, le BSC envoie au MSC un message contenant des informations sur la fréquence, le TS, la puissance de sortie et la référence de handover.

5. Le MSC envoie ces informations à l'ancien BSC.

6. La MS est interrogée de passer sur le nouveau TCH et aussi d'obtenir la référence de handover par l'envoi d'un message "Handover Command". [10]

7. La MS se cale sur la nouvelle fréquence et envoie les bursts HO contenant la référence de handover, dans le nouveau canal FACCH.

8. Quand la BTS détecte les burst d'accès HO, elle envoie, au MS, les informations physiques contenant l'avance de synchronisation. Ces informations sont transmises sur le canal FACCH.

9. la nouvelle BTS informe le nouveau BSC par l'envoi du message "HO detection". Le nouveau BSC, aussi informe le MSC, donc, le nouveau chemin est établi.

10. Quand la MS reçoit les informations physiques, elle envoie un message "Handover Complete".

11. le nouveau BSC envoie l'information "Handover Complete" à l'ancien BSC par l'intermédiaire du MSC.

12. L'ancien TCH et SACCH sont désactivés par l'ancienne BTS.

La MS obtient les informations de l'identité de la nouvelle cellule (LAI) sur le canal SACCH associé avec le nouveau TCH. Si la cellule appartient à une nouvelle zone de localisation (LA), la MS déclenche, après la libération de l'appel, une mise à jour normale de la localisation.[11]

II.3.3 Handover inter-MSC :

Si, durant l'appel, le BSC serveur décide d'exécuter un handover vers une cellule appartenant à un autre MSC, le handover est de type inter-MSC.

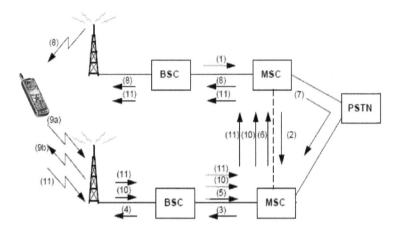

Figure II.7 : handover inter-MSC d'un appel [10]

1. Le BSC desservant envoie un message "handover required" au MSC desservant, comme le cas d'un handover inter-BSC.

2. L'ancien MSC demande l'aide du nouveau MSC.

3. Le nouveau MSC assigne un numéro de handover pour permettre de réacheminer l'appel. Une demande de handover est alors envoyée au nouveau BSC.

4. le nouveau BSC commande au BTS de destination d'activer un TCH.

5. le nouveau MSC reçoit les informations sur le nouveau TCH et la référence de handover.

6. La description du TCH et la référence de handover sont passées à l'ancien MSC avec le numéro de handover.

7. La liaison est établie entre les deux MSC, par l'intermédiaire du RTCP (PSTN). [2]

8. Un message "handover command" est envoyé au MS contenant des informations sur la fréquence et le TS auxquels elle doit passer dans la nouvelle cellule, avec la référence de handover à utiliser dans les bursts d'accès HO. [10]

9a. La MS se cale sur la nouvelle fréquence et envoie les bursts d'accès HO dans le canal FACCH.

9b. Lorsque la nouvelle BTS détecte les bursts HO, elle envoie, au MS, des informations physiques contenant l'avance de synchronisation (TA). Ces informations sont transmises sur le canal FACCH.

10. L'ancien MSC est informé par le nouveau BSC et le nouveau MSC. Un nouvel acheminement est établi dans le commutateur de groupe de l'ancien MSC.

11. La MS envoie un message "Handover Complete". Les nouveaux BSC et MSC informent l'ancien MSC. L'ancien MSC informe l'ancien BSC et l'ancien TCH est désactivé.

Puisque la MS est entrée dans une nouvelle zone de localisation, elle doit faire une mise à jour de localisation lorsque l'appel est libéré. Durant la mise à jour de localisation, le HLR fait un mis à jour et envoie un message "Cancel Location" à l'ancien VLR lui demande de supprimer toutes les informations relatives à l'abonné. [11]

II.3.4 Handover intracellulaire :

Un handover intracellulaire est initialisé lorsque les mesures montrent une mauvaise qualité du signal avec un niveau de champ de signal élevé dans la cellule de service, il est probable que la dégradation de la qualité soit due aux interférences sur le canal [2]. Il peut être intéressant de commuter le mobile sur un autre canal TCH (durant l'appel) et on parle de handover intracellulaire. [10]

II.3.5 Handover dans le canal SDCCH :

Dans les différents cas décrit précédemment, le changement est fait entre les canaux TCH. Pour le transfert des messages courts entre les MS dans l'état de veille, le canal SDCCH est utilisé. Puisque le SDCCH peut être utilisé pendant une longue période, il faut définir une procédure de handover dans ce cas (pour le SDCCH). [10]

La procédure de handover du canal SDCCH est identique à la procédure de handover utilisée pour le TCH, ce type de handover (SDCCH) peut être utilisé aussi dans l'établissement d'un appel, où le SDCCH est employé avant l'assignation d'un TCH.

II.4 APPELS :

II.4.1 Appel en provenance de MS (Call from MS) :

La MS écoute les informations diffusées dans la cellule, donc, elle peut tenter à établir un appel. La procédure est montrée dans la figure II.5. [2]

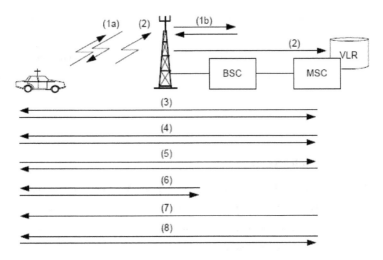

Figure II.8 : Appel en provenance de MS [10]

1. La MS utilise le canal RACH pour demander un SDCCH.

2. La MS demande d'établir un appel. L'identité IMSI est analisée et la MS est marquée comme connectée au niveau du VLR.

3. L'authentification est effectuée comme on a décrit dans la procédure de mise à jour de localisation.

4. Le chiffrement peut être intialisé.

5. Le MSC reçoit le message d'établissement. Ce message inclus le type du service et le numéro de l'appelé. Le MSC vérifie l'état de MS destinataire pour voir si le mobile est capable de recevoir des appels. Alors, l'établissement de l'appel se déroule.

6. Le MSC a déjà demandé le BSC d'assigner un canal TCH. Le BSC voit s'il y a un canal TCH non utilisé et interroge la BTS d'activer un TCH. La BTS informe le BSC que le canal est activé et alors la BSC demande la MS de passer au canal TCH.

7. Un message de sonnerie est envoyé par le MSC à la MS pour indiquer que la tonalité est générée dans l'autre coté (l'appelé).

8. Quand la MS destinataire répond, le réseau envoie un message de connexion pour indiquer à la MS que l'appel soit accepté. La MS envoie un accusé de réception à la MSC, alors, l'établissement de l'appel est terminé.

II.4.2 Appel à destination du MS (Call to MS) :

La gestion d'un appel entrant (Call from MS) est plus compliquée que la gérance d'un appel sortant (Call to MS). Cette difficulté est dû, en fait, que le réseau doit rechercher la MS destinataire. La signalisation est présentée dans la figure II.9.

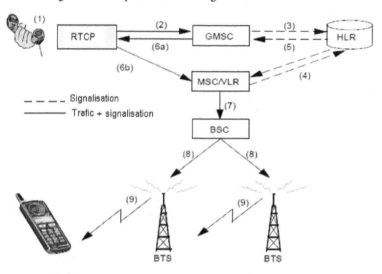

Figure II.9 : Appel d'un abonné du réseau fixe RTCP vers MS [10]

1. L'abonné du RTCP compose le numéro MSISDN du MS. Le MSISDN est analysé dans le central du RTCP, qui détermine qu'il s'agit d'un appel à destination d'un abonné du réseau GSM. [2]

2. L'appel est acheminé vers le GMSC dans le HPLMN (Home PLMN) de la MS destinataire.

3. Par l'analyse du MSISDN, le GMSC trouve le HLR où l'abonné est enregistré, alors il demande les informations concernant le MSC/VLR dans lequel la MS est enregistrée temporairement. Par l'utilisation du MSISDN, le HLR détermine l'identité IMSI et les données relatives à l'abonné.

4. Le HLR contacte le VLR pour obtenir le numéro de roaming MSRN, donc, le VLR envoie le MSRN au HLR.

5. Le HLR envoie le numéro du roaming au GMSC.

6. Le GMSC, à l'aide du MSRN, achemine l'appel au MSC/VLR directement ou par l'intermédiaire du RTCP, en y ajoutant les informations provenant du RTCP.

7. Le MSC sait dans quelle zone de localisation le MS se trouve. Un message de recherche est envoyé au BSC.

8. le BSC envoie le message « paging » aux BTS situées dans la zone de localisation.

9. Les BTS cherchent la MS par l'utilisation de l'identité IMSI ou TMSI. Lorsque la MS détecte le message de recherche, elle envoie une demande de canal de signalisation SDCCH et le MSC effectue l'authentification et le chiffrement.

Le BSC interroge la BTS qui trouve la MS d'activer un canal TCH et de libérer le canal SDCCH. Le poste mobile sonne et la communication est établie lorsque l'abonné mobile répond.

II.4.3 Assignation directe en TCH (Immediate Assignment on TCH) :

Dans les deux cas précédents, le BSC assigne un SDCCH dans le message "Immediate Assignment" pour être utiliser par une MS pendant l'établissement de la signalisation d'un appel. Après l'initiation de l'appel, le réseau assigne un canal TCH au MS. De cette manière, l'établissement de l'appel est appelé "early assignment" dans les spécifications du GSM.

La fonction " Immediate Assignment on TCH" permet une variété de choix dans les stratégies d'allocation des ressources durant l'établissement d'un appel. Pendant une congestion du SDCCH, le BSC peut allouer un TCH, donc il envoie le message "Immediate Assignment" au BTS pour assigner directement un TCH. Lorsque l'appel est établi, le mode de transmission dans le TCH est changé de la signalisation à la transmission du trafic, et celui-ci par l'utilisation de la procédure de changement du mode de la transmission.

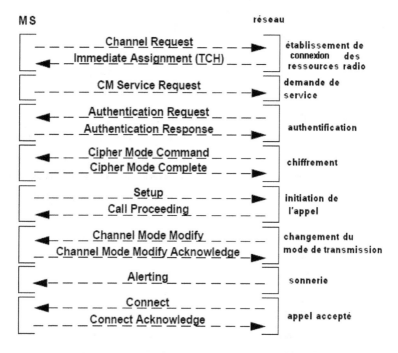

Figure II.10 : Immediate Assignment on TCH, appel en provenance de MS [10]

Dans les spécifications du GSM, cette procédure est appelée "very early assignment".

II.5 CONCLUSION :

La signalisation effectuée est plus délicate dans le sous système radio (BSS). Elle doit être bien gérée pour ne pas surcharger le réseau ce qui provoque une congestion au niveau des canaux de signalisation. Dans le troisième chapitre, on va traiter la gestion effectuée dans le sous système BSS pour améliorer la capacité et la qualité de la liaison radio.

III.1 INTRODUCTION :

Afin d'assurer la mobilité, un mobile sous tension doit effectuer l'ensemble des procédures telles que la sélection de PLMN, la sélection/ré-sélection de la cellule et aussi la MS informe le réseau de sa position par les différents types de mise à jour de la localisation. Lorsque le mobile est à l'état connecté, la mobilité est assurée par d'autres procédures telles que le handover.

Dans ce chapitre, on va voir les différentes procédures avec les paramètres radio diffusés dans chaque cellule pour gérer ces procédures. Les paramètres de l'état de veille sont portés par le BCCH et ceux de l'état connecté sont envoyés dans le canal SACCH.

III.2 L'ÉTAT DE VEILLE :

Une station mobile sous tension doit être capable de recevoir des appels. Elle écoute régulièrement la voie balise (porteuses BCCH) et surveille constamment son environnement pour raccrocher à la cellule la plus convenable.

L'état de veille est divisé en quatre processus : [12]

- sélection de PLMN,

- sélection de cellule,

- ré-sélection de cellule,

- mise à jour de localisation.

La figure suivante montre la relation entre ces processus.

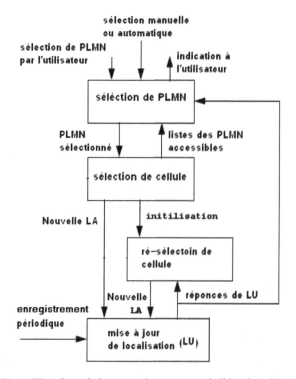

Figure III.1 : Les relations entre les processus de l'état de veille [12]

III.2.1 Sélection de PLMN :

Une MS doit sélectionner un PLMN quand elle passe de l'état détaché à l'état de veille ou lorsqu'elle entre dans une zone de PLMN différent. La MS effectue de façon habituelle une recherche de voies balises sur liste. Cette recherche échoue car les voies balises détectées ne portent pas le numéro du dernier PLMN sélectionné, alors la MS déclenche la procédure de sélection du PLMN. La MS effectue alors une sélection normale sur l'ensemble des fréquences GSM, passe en revue les voies balises candidates et lit le numéro du PLMN émis sur ces voies balises. [12]

La sélection du PLMN peut être réalisée soit en mode automatique ou en mode manuel.

Le mode manuel : l'usager sélectionne un réseau parmi ceux qui sont affichés sur son terminal.

Le mode automatique : la sélection du PLMN est faite selon l'ordre suivant :

1. HPLMN (Home PLMN) : où l'usager reste la plus part du temps.

2. Chaque PLMN stocké dans la carte SIM par ordre de priorité.

3. D'autres PLMN avec un niveau du signal reçu supérieur à -85 dBm par ordre aléatoire.

4. Tout les autres PLMN par ordre de niveau du signal.

III.2.2 Sélection de cellule :

Le processus de sélection de cellule tente à trouver la cellule la plus convenable. S'il n'y a aucune cellule appropriée dans le réseau (PLMN), la MS déclenche la procédure de sélection de cellule. Il y a deux stratégies de sélection de cellule :

- lorsque la MS a en mémoire la liste des cellules BA (BCCH Allocation List) du PLMN sélectionné lors de la précédente mise sous tension, elle cherche une cellule convenable dans cette liste BA effectuée par l'algorithme de localisation (Locating Algorithm). [12]

- lorsque la MS ne dispose aucune information, dans ce cas le processus est appelé sélection normale de cellule.

III.2.2.1 Sélection normale de cellule :

La MS tente de raccrocher à la cellule la plus convenable. Une cellule convenable (suitable cell) est définie par les conditions suivantes : [12]

1   Elle doit être faite partie du PLMN sélectionné,

2   Elle ne doit pas être interdite (exemple le cas d'une cellule surchargée, ou faisant partie de zone interdite),

3   Le critère de sélection de cellule est rempli.

Lorsque la MS ne dispose aucune information sur les voies balises utilisées dans le réseau, elle suit la procédure dans la figure suivante.

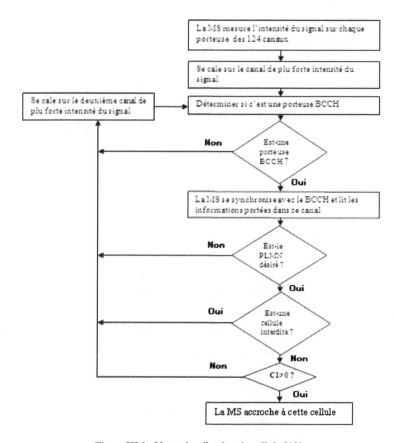

Figure III.2 : Normale sélection de cellule [12]

III.2.2.2 Critère de sélection de cellule :

Une MS sous tension calcule régulièrement la quantité de sélection de cellule C1, cette quantité doit être supérieure à zéro (C1>0). La quantité C1 est calculée comme suivant :

C1= (RXLEV – RXLEV_ACCESS_MIN) – MAX ((MS_TXPWR_MAX_CCH – P), 0) → (1)

Avec : [13]

- RXLEV : est le niveau du signal reçu.

- RXLEV_ACCESS_MIN : c'est le paramètre qui indique le niveau minimal du signal reçu pour que la MS puisse accéder au système, ce paramètre est un nombre décimal qui varie de 0 à 63, correspondant en dBm de -110 à -47. [13]

MS_TXPWR_MAX_CCH : c'est le paramètre qui indique la puissance maximale de transmission autorisée à la MS quand elle accède au système. Ce paramètre est un nombre décimal, en dBm, varie de :

- ✓ 5 à 35dBm, en nombres impaires, pour GSM 900 MHZ,
- ✓ 0 à 30dBm, en nombres paires, pour GSM 1800 MHZ.

P : est la puissance de sortie maximale de la MS selon la classe du terminal mobile.

MAX (X, Y) = X; si X≥ Y.   MAX (X, Y) = Y; si Y≥ X.

III.2.3 Ré-sélection de cellule :

Une fois la MS sélectionne une cellule, elle écoute régulièrement la voie balise et surveille constamment son environnement pour détecter une éventuelle sortie de la cellule, alors la MS déclenche, s'il est nécessaire, la procédure de ré-sélection de cellule.

La MS calcule la moyenne d'au moins cinq échantillons de niveau du signal reçu de chacune de six cellules voisines plus la cellule serveuse. [12]

La station mobile écoute la voie balise et lit les informations diffusées en BCCH concernant la cellule serveuse et les voisinages. Elle décode aussi le paramètre BSIC (Base Station Identity Code) de chacune des cellules voisines pour voir si elle contrôle les mêmes cellules précédentes. Le paramètre BSIC est composé d'un code couleur du réseau (NCC) et du code couleur de la base station (BCC). Si elle détecte un différent NCC (numéro du PLMN), elle ignore les informations portées. Le tableau suivant montre le temps écoulé pour refaire les mesures.

	BSIC	donnée BCCH
cellule serveuse	–	au moins chaque 30 seconde
six voisinages	au moins chaque 30 s	au moins chaque 5 minute

Tableau III.1 : Décodage de BSIC et les données BCCH [12]

III.2.3.1 Critère de ré-sélection de cellule (cell reselection criteria) :

Pour distribuer le trafic entre les cellules, l'opérateur peut ramener les MS à changer la cellule donc, il joue sur les paramètres de ré-sélection de cellule (CELL_RESELECT_OFFSET, TEMPORARY_OFFSET, PENALTY_TIME) diffusés dans le BCCH.

La MS doit lire les paramètres de la cellule désirée avant de raccrocher à cette cellule.

Le processus de ré-sélection de cellule utilise la quantité de ré-sélection de cellule C2 (GSM Phase1 utilise la quantité C1 pour le processus de ré-sélection de cellule) donc, la MS raccroche à la cellule qui a la plus grande valeur de la quantité C2. [12]

La valeur de la quantité C2 est calculée comme suivant :

C2 = C1 + CELL_RESELECT_OFFSET – TEMPORARY_OFFSET × H (PENALTY_TIME - T)
pour PENALTY_TIME ≠ 31   → (2) [13]

C2 = C1 – CELL_RESELECT_OFFSET   pour PENALTY_TIME = 31   → (3)

Avec :

- $H(x) = \begin{cases} 0 & pour\ x < 0 \\ 1 & pour\ x \geq 0 \end{cases}$

- T est un Timer initialisé à 0, lorsqu'une cellule est raccordée par la MS à la liste de six cellules adjacentes de niveau du signal le plu haut. Le Timer commence à compter par unité de trame TDMA (4.62 ms) jusqu'à la cellule soit supprimée de la liste, donc le Timer va être remis à 0 pour cette cellule. [13]

- CELL_RESELECT_OFFSET (CRO) est utilisé pour corriger le paramètre C2 de sélection de la cellule. Ce paramètre est un nombre décimal, en dB, variant de 0 à 63(0 à 126 dB), il est par défaut égal à 0.

- TEMPORARY_OFFSET (TO) donne le C2 une correction négative durant la période écoulée par le Timer (T) entre la valeur initiale et la valeur spécifiée du PENALTY_TIME. Ce paramètre est un nombre décimal, en dB, variant de 0 à 7 (0 à 70 dB), il est par défaut égal à 0.

- PENALTY_TIME (PT) est le temps lorsque le TO affecte le paramètre C2. Ce paramètre est un nombre décimal, en seconde, varie de 0 à 31 (20 à 620 secondes), il est par défaut à 0. La valeur 31 est réservée pour changer la direction de l'effet que CRO affecte C2.

- les paramètres de ré-sélection de cellule CRO, TO et PT. Lorsque l'indicateur des paramètres de sélection de cellule (PI), qui consiste d'un seul bit, est à 1, ces paramètres sont diffusés dans la cellule. Si le PI est à 0, la MS suppose qu'ils soient à 0 (C2 = C1), alors elle utilise C1 pour ré-sélectionner une cellule.

La MS calcule régulièrement les valeurs C1 et C2 de la cellule serveuse et les six cellules voisines. Donc, elle déclenche la procédure de ré-sélection de cellule si :

➤ la cellule serveuse devient interdite,

➤ la MS n'est pas réussie pour accéder au réseau pendant un temps alloué.

➤ la MS détecte un échec de signalisation dans la liaison descendante.

➤ C1 de la cellule serveuse diminue au dessous de zéro pendant une période de cinq secondes, ce qui indique que les pertes du chemin deviennent élevées, alors, la MS doit changer la cellule.

➤ La valeur de C2 d'une cellule voisine dans une même zone de localisation dépasse la valeur C2 de la cellule serveuse pendant une période de cinq secondes.

➤ La valeur de C2 d'une cellule voisine dans une autre zone de localisation dépasse la valeur C2 plus la valeur de l'hystérésis de sélection de cellule pendant une période de cinq secondes.

III.1.3.2 Hystérésis de sélection de cellule :

Si la station mobile ré-sélectionne une cellule appartenant à une nouvelle zone de localisation (LA), elle doit initialiser une mise à jour de localisation. Bien que la durée entre deux ré-sélections de cellule soit au minimum de 15 secondes, elle est extrêmement courte pour faire une mise à jour de localisation. Alors pour éviter une fluctuation de ré-sélection de cellule, les spécifications de GSM désignent que la différence entre le niveau du signal des cellules adjacentes (d'une différent LA) et le niveau du signal de la cellule courante du MS doit être supérieure à la spécifique hystérésis de sélection de cellule (paramètre de hystérésis de sélection de cellule), ce paramètre est un nombre décimal en dB varie de 0 à 14, et il est par défaut égal à 4. [13]

III.1.3.4 Accès interdit à la cellule CBA (Cell Bar Access) :

Dans chaque cellule, les canaux de diffusion portent un bit qui indique si l'accès à la cellule est interdit ou autorisé, donc le paramètre CBA est utilisé pour cette raison. [13]

Le CBA est représenté par des caractères (string) en deux états suivants :

YES : CBA est permis, alors l'accès à la cellule est interdit,

NO : CBA est suspendu, alors l'accès à la cellule est autorisé.

Il est par défaut à NO. Ce paramètre peut être mis à YES dans le but (par exemple) d'utiliser une cellule seulement pour le handover.

III.1.3.5 La priorité de la cellule CBQ (Cell Bar Qualify) :

Dans une zone couverte par des cellules en couche avec une différence dans la capacité, le trafic et la fonction ; l'opérateur peut ramener une MS à sélectionner certaines cellules par ordre de priorité. Cette fonction est satisfaite par l'implémentation du paramètre CBQ. [13]

Le CBQ est représenté par des caractères (string) en deux états suivants :

YES : la cellule à une basse priorité (LOW).

NO : la cellule à une haute priorité (HIGN).

Il est par défaut égal à NO (HIGN). Les deux paramètres CBQ et CBA déterminent l'état de priorité d'une cellule.

L'utilisation de ces deux paramètres permet de balancer le trafic entre les cellules dans le réseau.

III.1.4 Mise à jour de localisation (Location Udapting) :

Pour que les abonnés puissent recevoir des appels, le réseau doit connaitre les positions des MS. Le système est informé de la position d'une MS par la procédure de mise à jour de la localisation.

III.1.4.1 Mise à jour normale de la localisation :

La mise à jour normale de la localisation est initialisée par la MS lorsqu'elle détecte qu'elle est entrée dans une nouvelle zone de localisation. La MS écoute la voie balise et compare l'identité de la zone de localisation (LAI) transmise dans la voie balise avec l'une stockée dans la carte SIM. Si l'identité LAI est différente, alors la MS déclenche la procédure de mise à jour de localisation de type normal et stocke la nouvelle identité LAI. Si la mise à jour a échouée (ex : la MS est entrée dans une zone interdite), donc, la MS sélectionne une autre cellule ou un autre PLMN. [12]

III.1.4.2 Mise à jour de localisation pour enregistrement périodique :

Pour éviter les recherches inutiles d'un mobile qui a changé la zone de localisation ou entré dans un état détaché, donc le réseau définit un type de mise à jour appelé, mise à jour de localisation pour enregistrement périodique. [12]

La MS écoute la voie balise pour connaitre la période d'enregistrement utilisée dans cette cellule. L'opérateur contrôle cette période par le paramètre T3212 qui varie de 0 à 255 par unité de six minutes. Si T3212 est à 0, il n'y a pas d'enregistrement périodique dans la cellule.

III.1.4.3 <u>Procédure IMSI Attach et IMSI Detach :</u>

Lors de la mise hors tension du mobile, il est mis en œuvre la procédure IMSI Detach explicite. Le mobile reste sous tension quelques instants après la mise hors tension par l'usager et envoie un message « IMSI Detach » au MSC/VLR.

Lorsque le VLR n'a pas eu de contact avec un mobile pendant une certaine période, le réseau peut pendre l'initiative de le détacher du réseau. Cette procédure est appelée « IMSI Detach implicite ».

La période du détachement implicite est déterminée par la somme d'une valeur de temps mort BTDM « timeout value » et une période de garde (GTDM). La duré BTDM doit être coordonnée avec la période de la mise à jour de localisation périodique (T3212), sinon le mobile va être implicitement détaché avant la mise à jour de localisation. [12]

Lorsqu'un mobile est mis sous tension, la procédure « IMSI Attach » est destinée à rattacher ce mobile à sa zone de localisation et signaler ainsi que celui-ci est à nouveau apte de recevoir des appels.

Le paramètre ATT est utilisé pour indiquer si les procédures IMSI Attach/Detach sont déployées dans la cellule, ce paramètre est en caractère, peut être à YES (les procédures sont utilisées) ou à NO (dans le cas contraire).

III.3 HANDOVER :

Le Handover est une fonction très importante dans un réseau cellulaire, il a pour principal but d'assurer la continuité des appels durant le passage entre les cellules, il est aussi utilisé pour balancer le trafic entre les cellules. Les principales raisons pour qu'un handover urgent est déclenché sont : [14]

- Une faible intensité du signal,
- Une mauvaise qualité du signal,
- Sévère interférence,
- un mobile éloigné de la station de base.

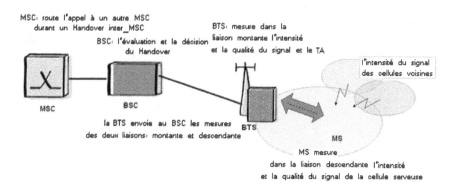

Figure III.3 : Vue d'ensemble d'un Handover [14]

Une multitrame de trafic (120 ms) contient une trame Idle dans le canal TCH qui offre suffisamment de temps au MS pour détecter le numéro du canal ARFCN et pour décoder le burst de synchronisation. [12]

Le burst de synchronisation possède le BSIC qui inclue le NCC (le numéro du PLMN), alors la MS vérifie si le NCC est permis comme il est défini par le paramètre NCCPERM (un nombre décimal varie de 0 à 7) pour rapporter les mesures des six meilleures cellules voisines qui portent le même numéro NCC diffusé dans la cellule.

Les mesures de l'intensité et de la qualité du signal plus l'avance de synchronisation TA (Time Advance) sont rapportées chaque période du canal SACCH (480 ms). Les mesures de l'intensité du signal sont livrées en nombre entier de 0 à 63, correspondant en intensité du signal de -110 dBm à -47 dBm. La quantité utilisée comme des mesures de qualité est le taux d'erreurs de bits BER (Bit Error Rate), ces mesures sont livrées en nombre entier de 0 à 7, tel que le nombre 0 correspond à une bonne qualité (Low BER) et le 7 correspond à une mauvaise qualité (Hign BER). Les valeurs de l'avance de synchronisation (TA) sont livrées en nombre entier de 0 à 63, tel que le nombre 63 correspond à la distance maximale entre le mobile et la BTS, ce qui est équivalent à 35 Km.

III.3.1 Les cellules cibles d'un handover :

Trois facteurs déterminent la séquence des cellules candidates : la priorité, le trafic et la condition radio. La priorité et le trafic ont plus d'influence que la condition radio dans la liste des cellules concernées d'un handover.

Pour chaque cellule de service, la cellule voisine peut être configurée comme une couche indéfinie, une couche supérieure, une co-couche et une couche inferieur. Les couches inferieurs sont prioritaires que les couches supérieures.

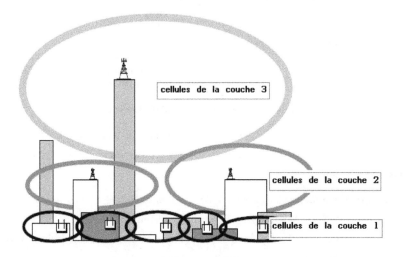

Figure III.4 : Structure de cellules en couche [12]

L'état de la cellule en terme de trafic est définit par le pourcentage des canaux TCH non occupés par rapport au nombre total de canaux TCH dans la cellule, donc le pourcentage le plus élevé signifie que la cellule soit la plus légèrement chargée de trafic, alors cette cellule est la plus prioritaire pour un handover en terme de trafic.

La condition radio dépend de l'état de l'intensité et la qualité du signal, et aussi les interférences dans la cellule.

III.3.2 Les paramètres de base d'un Handover :

Selon les spécifications du GSM, la décision d'un handover est prise après une série de valeurs moyennes mesurées (N) de niveau et de la qualité du signal et aussi l'avance de synchronisation (TA), le handover est déclenché si un nombre P de N moyens est différent d'un seuil définit par l'opérateur.

Avec : $1{\leq}P{\leq}N{\leq}32$, Usuellement, la valeur P est prise à 3 et N est prise à 4.

III.3.2.1 <u>Handover dû au faible niveau du signal :</u>

Lorsque le niveau du signal est faible, un chut d'appel peut se produire, donc le handover est déclenché pour assurer la continuité de la conversation. [14]

1. *(HoUlLevThs, N, P)* : le handover est déclenché si P de N du niveau moyen de signal de la liaison montante est inferieure au seuil HoUlLevThs.

2. *(HoDlLevThs, N, P)* : le handover est déclenché si P de N du niveau moyen de signal de la liaison descendante est inferieure au seuil HoDlLevThs.

Le paramètre de seuil de niveau du signal dans la liaison montante/descendante HoUl/DlLevThs est un nombre décimal variant de 0 à 63 correspond en dBm de -110 dBm à -47 dBm. Souvent, il est par défaut égal à 15 (i.e. -96 dBm ~ -95 dBm).

III.2.2.2 <u>Handover dû à une mauvaise qualité du signal :</u>

Si la qualité reçue est très mauvaise telle qu'elle dépasse le seuil, un intracellulaire handover est déclenché pour améliorer la qualité de la communication. [14]

1. *(HoUlQualThs, N, P)* : le handover est déclenché si P de N de la qualité moyenne du signal de la liaison montante est supérieure au seuil HoUlQualThs.

2. *(HoDlQualThs, N, P)* : le handover est déclenché si P de N de la qualité moyenne du signa de la liaison descendante est supérieure au seuil HoUlQualThs.

Le paramètre de seuil de qualité du signal dans la liaison montante/descendante HoUl/DlQualThs est un nombre entier variant de 0 à 7 correspond en BER (Bit Error Rate) de 0% à 13%. Généralement, il est par défaut égal à 5.

III.3.2.3 <u>Handover dû aux sévères interférences :</u>

Le Handover est dû à :

- une mauvaise qualité reçue dans les liaisons montante/descendante,

- un niveau du signal élevé,

- la MS entre dans une zone prédéfinie d'interférence. [14]

Dans une zone d'interférence, si le niveau du signal est élevé et son qualité est mauvaise, un handover peut être déclenché, et aussi dans le cas contraire, si le signal a une bonne qualité et leur niveau est faible, le handover peut être exécuté.

Les interférences co-canaux dans la liaison montante/descendante sont l'une des raisons pour qu'un handover est exécuté.

1. (HoUlIntfThs, N, P) : le handover est déclenché si P de N des interférences moyennes du signal de la liaison montante est supérieure au seuil HoUlIntfThs.

2. (HoDlIntfThs, N, P) : le handover est déclenché si P de N des interférences moyennes du signal de la liaison descendante est supérieure au seuil HoUlIntfThs.

Le paramètre de seuil des interférences dans liaison montante/descendante HoUl/DlIntfThs est un nombre entier variant de 0 à 63 correspond en dBm de -110 dB m à 47 dBm. Il par défaut égal à 30 (-81 dBm ~ -80 dBm).

III.3.2.4 Handover dû à une longue distance MS-BTS :

Si le mobile est très éloigné de la station de base, donc la distance MS-BTS dépasse le rayonnement maximal de la cellule, alors un handover est déclenché pour attacher la MS à une proche BTS.

(HoMsDistThs, N, P) : le handover est déclenché si P de N du TA moyen est supérieure au seuil de la distance MS-BTS (HoMsDistThs).

Le TA est un nombre décimal variant de 0 à 63 tel que la valeur 63 correspond à une distance de 35 Km.

III.3.2.5 Handover à une meilleure cellule (PBGT) :

Le handover de budget de la puissance est couramment utilisé dans les zones urbaines, le PBGT (Power Budget) est calculé par le BSC chaque fois que les mesures sont reçus. Durant la décision du handover, il suffit que le PBGT soit supérieur à 0. Le PBGT est le résultat de niveau du signal des cellules adjacentes moins le niveau du signal de la cellule serveuse, si le résultat est supérieur à 0, les conditions du handover PBGT sont satisfaisantes. [14]

HoMargin (n) : le handover est déclenché si le PBGT de certaine cellule voisine est supérieur à HoMargin (la marge du handover des cellules voisines).

III.4 CONTROLE DE LA PUISSANCE :

Le contrôle de la puissance de transmission d'une station mobile ou d'une station de base permet de réduire la consommation de l'énergie au niveau de la MS et la BTS, et diminuer les interférences dans le réseau, donc améliorer la qualité de la communication.

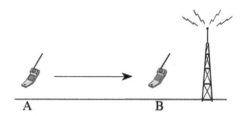

Figure III.5 : Contrôle de la puissance [14]

Le mobile dans la position A émet à une puissance élevée pour prendre en compte les pertes du chemin alors, le mobile proche de la BTS (position B) émet à une puissance réduite car les pertes de chemin sont petites, aussi pour ne pas chevaucher les émetteurs /récepteurs (TRX) de la BTS.

III.4.1 Les paramètres de contrôle de la puissance :

Le contrôle de la puissance est fait dans la liaison montante/descendante selon l'intensité et la qualité du signal s'ils sont très meilleurs ou mauvaises, donc ils sont ramenées autour d'un seuil défini par l'opérateur. [14]

III.4.1.1 Contrôle de la puissance dû au niveau du signal :

L'intensité du signal est représentée par un nombre décimal variant de 0 à 63 correspondant en dBm de -110 dBm à -47 dBm. [14]

1. (PcUlInclLevThs, N, P) : la MS augmente la puissance de transmission si P de N de l'intensité moyenne du signal de la liaison montante est inférieure au seuil PcUlInclLevThs. (L'intensité du signal est faible dans la liaison montante).

2. (PcDlInclLevThs, N, P) : la BTS augmente la puissance de transmission si P de N de l'intensité moyenne du signal de la liaison descendante est inférieure au seuil PcDlInclLevThs. (L'intensité du signal est faible dans la liaison descendante).

3. (PcUlRedLevThs, N, P) : la MS diminue la puissance de transmission si P de N de l'intensité moyenne de la liaison montante est supérieure au seuil PcUlRedLevThs. (L'intensité du signal est très élevée dans la liaison montante).

4. (PcDlRedLevThs, N, P) : la BTS diminue la puissance de transmission si P de N de l'intensité moyenne du signal de la liaison descendante est supérieure au seuil PcDlRedLevThs. (L'intensité du signal est très élevée dans la liaison descendante).

III.4.1.2 <u>Contrôle de la puissance dû à la qualité du signal :</u>

La qualité du signal est un nombre décimal varie de 0 à 7, elle est mesurée par le taux d'erreur de bit (BER) qui est un pourcentage varie de 0% à 13%.

1. (PcUlInclQualThs, N, P) : la MS augmente la puissance de transmission si P de N de la qualité moyenne du signal (BER) de la liaison montante est supérieur au seuil PcUlInclQualThs. (La qualité du signal est mauvaise dans la liaison montante).

2. (PcDlInclQualThs, N, P) : la BTS augmente la puissance de transmission si P de N de la qualité moyenne du signal (BER) de la liaison descendante est supérieur au seuil PcUlInclQualThs. (La qualité du signal est mauvaise dans la liaison descendante).

3. (PcUlRedQualThs, N, P) : la MS diminue la puissance de transmission si P de N de la qualité moyenne du signal (BER) de la liaison montante est inférieur au seuil PcUlRedQualThs. (La qualité du signal est très bonne dans la liaison montante).

4. (PcDlRedQualThs, N, P) : la BTS diminue la puissance de transmission si P de N de la qualité moyenne du signal (BER) de la liaison descendante est inférieur au seuil PcUlRedQualThs. (La qualité du signal est très bonne dans la liaison descendante).

III.5 LA TRANSMISSION DISCONTINUE (DTX) :

La transmission discontinue est le mécanisme qui permet au radio transmetteur d'être éteint durant la pause de la parole. Il y a deux modes de transmission de la voix [2] : l'un est le codage continu de la voix (une trame de parole toutes les 20 ms), peu importe que l'utilisateur soit entrain de parler ou pas. L'autre est la transmission discontinue (DTX) avec une période d'activation de la voix à 13 kbps et une période de non activation de la voix codée sur 500 bps. Dans ce dernier cas, une trame de bruit de confort (comfort noise frame) avec une trame de 20 ms est transmise toutes les 480 ms.

Il ya deux objectifs derrière l'emploi du mode DTX, l'un est la réduction du niveau général des interférences dans l'interface radio et l'autre est d'économiser la puissance au niveau de la MS et la BTS. Cependant, le DTX peut légèrement diminuer la qualité de la transmission.

Le mode de la transmission discontinue est optionnel, le paramètre DTX permet d'indiquer si ce mode est utilisé ou non. Ce paramètre est un nombre décimal variant de 0 à 2.

III.6 CONCLUSION :

Vue la complexité de la gestion de l'interface radio, le réseau GSM spécifie chaque état du mobile par différentes procédures. Un opérateur qui fournit un bon service à ses abonnés est celui qui peut parfaitement traiter la liaison radio pour mettre correctement les paramètres radio utilisés dans ses procédures. La liaison radio est fluctuante, donc l'opérateur surveille en permanence cette liaison et fait les changements nécessaires dans le seuil ou l'état des paramètres diffusés dans les cellules. Dans le prochain chapitre, on va étudier ces changements sous le terme de l'optimisation radio.

CHAPITRE IV : *L'OPTIMISATION RADIO*

I.1 INTRODUCTION :

Pour permettre la résolution des différents problèmes reçus après qu'un réseau est mis en service, l'optimisation radio permet la gestion, la vérification et l'amélioration de la performance du réseau. Elle commence après la phase de la planification. Un réseau cellulaire couvre une large zone et fournit la capacité nécessaire pour servir ses abonnés avec une bonne qualité de communication. Donc pour assurer le bon fonctionnement du réseau, plusieurs paramètres sont variables et doivent être adaptés en permanent à la liaison radio.

Dans ce chapitre, on va commencer par une brève description du concept de l'optimisation radio. Ensuite on va présenter l'outil de simulation GSM-RNO (GSM-Radio Network Optimisation) des paramètres radio que nous avons réalisé.

IV.2 L'OPTIMISATION RADIO :

Vue la fluctuation de la liaison radio, l'optimisation radio est la partie la plus importante et surtouts la plus difficile. [15]

Pour résoudre les différents problèmes reçus dans un réseau après que ce dernier soit mis en service, différentes techniques d'optimisation sont utilisées pour assurer le bon fonctionnement du réseau en terme de capacité, couverture et qualité de service lors des changements tel que la distribution des abonnés, la quantité du trafic, l'environnement (bâtiment, grand route,…), la structure du réseau et l'apparition de nouvelle applications.

IV.2.1 Gestion de la performance du réseau :

La gestion de la performance du réseau est la gestion de la performance des paramètres clé et l'évaluation de ces derniers toutes en respectant la capacité et la couverture. Cette gestion est faite en trois étapes qui sont :

- ✓ la détection du problème,
- ✓ l'analyse du problème,
- ✓ la résolution du problème. [15]

IV.2.1.1 Détection du problème :

Les problèmes associés à un réseau radio sont :

- ✓ l'architecture et le dimensionnement,
- ✓ les interférences,
- ✓ la définition des cellules voisines,
- ✓ les paramètres de définition de la cellule,
- ✓ les paramètres de la localisation,
- ✓ les paramètres de l'état de veille,
- ✓ la balance de la puissance.

IV.2.1.2 Analyse du problème :

L'analyse d'un problème est basée sur deux points :

- ✓ qui crée le problème ?
- ✓ comment on peut résoudre le problème ?

IV.2.1.3 Résolution du problème :

Les problèmes peuvent être résolu par :

- ✓ ajuster les paramètres radio,
- ✓ refaire le plan du site,
- ✓ ajouter un nouveau site.

IV.2.2 Les méthodes de base utilisées dans l'optimisation radio :

IV.2.2.1 La couverture :

Le problème de manque de la couverture présente un faible niveau du signal et une mauvaise qualité du signal en même temps, ce qui provoque : [16]

- ✓ un taux élevé de coupure des communications,
- ✓ un taux élevé de handover dû à une mauvaise qualité et un faible niveau du signal dans la liaison descendante,
- ✓ un faible pourcentage de handover de type à une meilleure cellule.

Pour résoudre les problèmes associés à la couverture on doit :

- ✓ Vérifier le système d'antenne tel que la hauteur, l'azimut (la direction dans laquelle l'antenne émet sa puissance la plus importante, L'azimut est un angle qui se compte en degrés, positivement dans le sens horaire, en partant du nord (0°). De cette façon, l'azimut 90° correspond à l'est, l'azimut 180° au sud, etc.) et le tilt (Le tilt est l'angle d'inclinaison (en degrés) du lobe principal de l'antenne dans le plan vertical),

✓ vérifier la puissance d'émission de la BTS en relation avec le budget de la puissance. [16]

IV.2.2.2 Les interférences :

Ce phénomène est défini par la présence d'un niveau du signal élevé et une mauvaise qualité du signal en même temps, ce qui provoque :

✓ une congestion au niveau des canaux SDCCH et TCH,

✓ un faible pourcentage de handover de type à une meilleure cellule,

✓ un taux élevé de handover dû à une mauvaise qualité de la liaison descendante/montante et de handover dû aux interférences.

Pour résoudre les problèmes des interférences on doit :

✓ changer la fréquence interférée,

✓ réduire la puissance d'émission de porteuse (fréquence), on peut aussi changer le tilt et l'orientation de l'antenne.

Si les interférences sont externes (non GSM), on change la porteuse interférée avec la fréquence externe. [16]

IV.2.2.3 Le budget de la puissance :

Le problème d'un budget déséquilibré de la puissance présente une grande différence de pertes du chemin entre la liaison montante et la liaison descendante. Ce problème est apparu comme :

✓ un taux élevé de handover dû à une mauvaise qualité de la liaison montante,

✓ un handover entrant rarement réussi,

✓ un taux élevé de coupure des communications.

Généralement, les causes du problème de budget de la puissance sont de type Hardware.

IV.2.2.4 Performance du handover :

L'exécution d'un handover peut échouer à cause de différentes raisons. Donc pour améliorer les performances du handover, on doit éviter : [17]

✓ une sévère interférence,

✓ une relation inappropriée entre la cellule de service et la cellule voisine,

✓ une mauvaise couverture,

✓ une fausse installation de l'antenne,

✓ un mauvais plan du BSIC et du BCCH,

✓ une pénurie des ressources TCH,

✓ Une évaluation incorrecte des paramètres de la cellule. [17]

IV.2.3 Statistique :

C'est une étape intéressante de l'optimisation radio, elle permet de définir l'état, en terme de congestion, des canaux logiques tels que le canal de trafic TCH, le canal d'assignation d'un canal de trafic SDCCH, et le canal d'accès RACH. Les statistiques sont prises à partir de l'OMC-R qui contrôle le sous système radio. [18]

IV.2.4 Drive Test :

Le drive test a pour rôle de vérifier l'efficacité de la liaison radio en terme de couverture, qualité et capacité. Il est fait en voiture par l'utilisation d'une MS en mode connecté (Dedicated mode) et une source GPS (Global Position System). Les deux sont liés au logiciel TEMS Investigation installé dans un PC portable. Cet ensemble permet de lire les informations fournies par le GPS sur le positionnement de la MS et les sites. Il permet aussi de décoder les opérations effectuées par le mobile.

Le logiciel TEMS Investigation contient plusieurs fenêtres telles que le dessin (Map), la BA List, les données de la cellule, les interférences, la qualité, le niveau du signal, le TA,...etc. Ces mesures sont enregistrées dans un fichier « .log » appelé Log File, elles sont utilisées pour l'analyse du Drive Test.

IV.2.4.1 L'analyse du drive test :

Comme on a dit précédemment, le drive test est fait par une MS en mode connecté. Alors l'analyse est faite sur les effets indésirables tels que le manque de couverture, la qualité de la liaison radio, le handover et la coupure de communication. On cite quelque raison de la coupure de communication (drop call): [19]

1 *Drop Call dû aux interférences:*

Chaque MS contient un compteur S initialisé par une valeur de temps défini au niveau du BSC appelée RLT (Radio Link Timeout), lorsque la MS échoue à décoder correctement le canal SACCH (porte les informations nécessaires durant le mode connecté). Cette valeur est décrémentée par 1, et quand la MS réussit à décoder parfaitement le SACCH, la valeur du temps est incrémentée par 2 (ne dépasse pas la valeur initiale RLT). Lorsque le compteur S est diminué jusqu'à la valeur 0, la MS doit libérer la liaison radio (le canal TCH), donc la coupure de la communication. [19]

Le Drop Call est dû à une très mauvaise qualité du signal dû aux sévères interférences co-canal et canaux adjacents. Donc la réutilisation des fréquences doit respecter la largeur entre les fréquences (ex : n'utilise pas les deux fréquences de numéro 91 et 92 dans une même cellule ou dans deux cellules voisines).

2 *Drop Call dû à l'échec du handover :*

Durant l'initiation d'un handover, le BSC déclenche un compteur de temps de libération (selon le type du handover) de la signalisation échangée dans le canal rapide FACCH associé au canal TCH. Si ce temps est dépassé, le handover a échouée à cause d'une longue duré de signalisation entre la cellule de service et la cellule cible à travers l'ensemble de certaine entité du réseau selon le type du handover.

Une MS connecté dans un mauvais état de cellule avec un handover en échec peut provoquer une coupure de la communication.

IV. 3 LOGICIEL GSM-RNO :

Le logiciel GSM-RNO est un outil d'optimisation radio permettant de simuler les paramètres de sélection/ré-sélection de cellule. L'objectif de cette simulation est de connaitre l'effet du changement des valeurs de ces paramètres dans le choix de la cellule durant la sélection/ré-sélection de cellule. Donc cet outil joue le rôle du BSC qui a la possibilité du changement des paramètres radio. GSM-RNO utilise le Log File des mesures effectuées par le logiciel TEMS Investigations pour connaitre les propriétés des cellules (la position, le niveau du signal, la qualité du signal, le TA, le BSIC, le BCCH,...). On peut donc faire l'analyse du Drive Test par l'utilisation du RNPO avec la possibilité de tester les deux états du mobile : le mode veille et le mode connecté.

Le langage choisi pour la réalisation de GSM-RNO est le BORLAND C++ BUILDER 6. Ce choix repose sur le faite que BORLAND possède toute la puissance du langage C++ orienté objet et en plus il offre la possibilité de développer rapidement des applications sous Windows grâce à ses différentes bibliothèques.

IV.3 .1 Les tableaux du GSM-RNO:

Le logiciel GSM-RNO contient des bases de données pour la configuration de site et d'autres pour les paramètres radio nécessaires à l'exécution des procédures de sélection/ré-sélection de cellule. Il contient aussi des tableaux connectés à un fichier Excel pour l'analyse du Drive Test.

IV.3.1.1 Tableaux de Configuration de site :

Chaque site peut contenir jusqu'à trois secteurs appelés cellules. Donc pour laisser le choix du nombre de secteurs, nous avons utilisé deux tableaux en relation entre eux, un pour la configuration du site et l'autre définit les cellules de ce site.

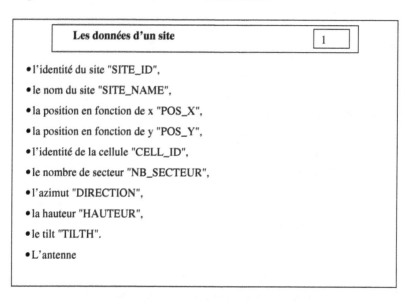

Figure IV.1 : Tableau des données d'un site

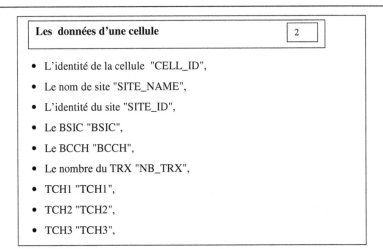

Figure IV.2 : Tableau des données d'une cellule

IV.3.1.2 Tableaux des paramètres radio :

Cette partie joue le rôle d'un BSC qui a la possibilité de changer les paramètres radio définis pour effectuer la procédure de sélection/ré-sélection dans l'état de veille du mobile, donc pour chacune de ces procédures, nous avons utilisé un tableau contenant l'identité de la cellule et les paramètres nécessaires à effectuer la procédure définie dans l'état du mobile.

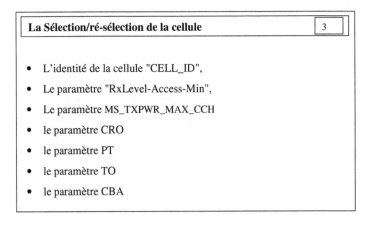

Figure IV.3 : Tableau des paramètres de sélection/ré-sélection

IV.3.1.3 Tableau de fichier de traçage :

Les données de ce fichier sont remplies manuellement depuis le Log File du TEMS Investigation. Ce fichier contient les mesures réelles effectuées dans la liaison radio d'une zone où nous avons fait le Drive Test, donc à l'aide de ces mesures, on peut faire l'analyse du Drive Test en utilisons notre application.

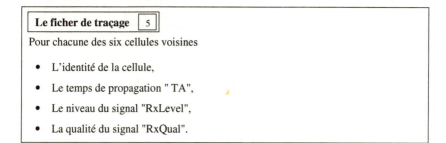

Figure IV.4 : Tableau de ficher de traçage

IV.3.1.4 Tableau de la BA List :

Cette liste est dynamique en fonction du changement de la cellule. Elle contient la classification des cellules cibles pour une ré-sélection ou un handover. Nous avons utilisé une table SQL pour remplir la BA List à partir des autres tableaux tels que le fichier de traçage de la MS. Les quantités C1 et C2 sont calculées à chaque position du mobile.

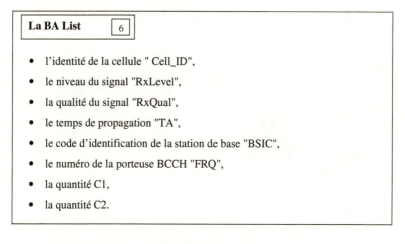

Figure IV.5 : Tableau de la BA List

Chapitre IV : L'optimisation radio

IV.3.1.5 Tableau du dessin d'un site :

Les champs de la table du dessin de site sont obtenus à partir de la table de données de site sauf le champ SELECTION qui dépend de l'état de la cellule si elle est sélectionnée par le mobile ou non. Cette table est utilisée directement par le programme principal pour positionner les sites dans le plan du dessin (Map) tout dépend si l'une des cellules du site est sélectionnée par le mobile ou devient une cellule serveuse après l'exécution d'un handover.

| Le dessin de site | 7 |

- L'identité du site "CELL_ID",
- La position en fonction de x "POS_X",
- La position en fonction de y "POS_Y",
- Le nombre de secteurs "NB_SECTEUR",
- La direction du secteur 1 "DIRECTION1",
- La direction du secteur 2 "DIRECTION2",
- La direction du secteur 3 "DIRECTION3",
- L'état du site s'il est sélectionné par le mobile ou non "SELECTION".

Figure IV.6 : Tableau du dessin de site

IV.3.1.6 Le tableau de configuration de la cellule :

Ce tableau rassemble toutes les caractéristiques de la cellule. Il est rempli depuis un fichier Excel.

69

Configuration de la cellule	8

- L'identité de la cellule "CELL_ID",
- Le nom de site "SITE_NAME",
- L'identité du site "SITE_ID",
- La position en fonction de x "POS_X",
- La position en fonction de y "POS_Y",
- Les paramètres de C1 "RxLevel-Access-Min", " MS_TXPWR_MAX_CCH",
- les paramètres "CRO","PT"," TO","CBA",
- Le BSIC "BSIC",
- Le BCCH "BCCH",
- Le nombre du TRX "NB_TRX","TCH1","TCH2","TCH3",
- la hauteur "HAUTEUR",
- le tilt "TILTH".
- L'antenne

Figure IV.7 : Tableau de configuration de la cellule

IV.4 L'ALGORITHME DU GSM-RNO:

Cet algorithme commence par le choix de l'état du mobile. Dans l'état de veille, la MS effectue une sélection de cellule lorsqu'elle devient attachée. Elle mesure en permanence la qualité et le niveau du signal de la cellule de service et mesure aussi le niveau du signal des cellules voisines pour raccrocher à la cellule voisine la plus convenable par la procédure de ré-sélection. Dans l'état connecté, le mobile fait les mesures qui sont utilisées avec celles de la BTS, par le contrôleur BSC pour décider l'exécution d'un handover.

Le BSC utilise les mesures effectuées dans toutes les cellules gérées par lui pour former la BA List de chaque mobile. La figure suivante montre l'algorithme du logiciel RNO.

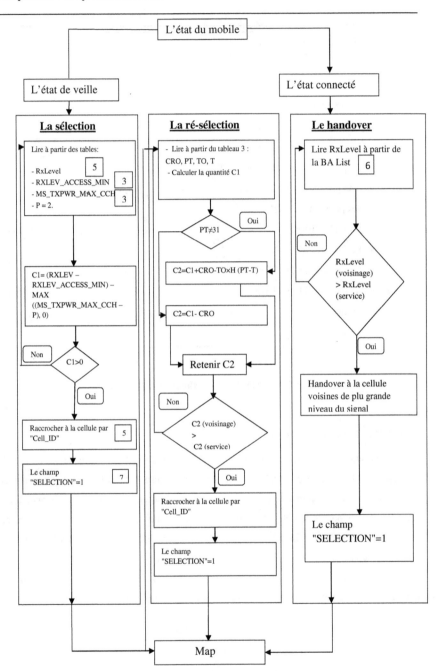

Figure IV.8 : L'algorithme du GSM-RNO

IV.4.1 <u>Sélection de cellule :</u>

La MS mesure le niveau du signal RxLevel et lit les paramètres de sélection de cellule diffusés dans le canal BCCH pour calculer la quantité C1. Elle raccroche à la cellule de plus grande valeur de la quantité C1 à condition que cette cellule n'est pas interdite.

Dans notre application, les valeurs de niveau du signal sont obtenues à partir du Log File de TEMS Investigation et remplies dans le tableau de fichier de trace. Les paramètres radio de sélection de cellule sont pris depuis le logiciel OMC-R utilisé pour contrôler la liaison radio BSC-BTS-MS. On remplit ces paramètres dans un fichier Excel de configuration de cellule. On peut changer ces paramètres à partir du tableau 2 de données de cellule. La quantité C1 est calculée par l'équation 1 citée dans le chapitre 3.

IV.4.2 <u>Ré-sélection de cellule :</u>

Pour la ré-sélection de cellule, on utilise les mêmes tableaux pour calculer la quantité C2 en fonction de la quantité C1 et les paramètres de ré-sélection de cellule. Les deux quantités sont calculées dans la même position du mobile dans la cellule car le niveau du signal varie d'une position à une autre (les paramètres radio sont fixe dans le territoire de la cellule).

IV.4.3 <u>Handover :</u>

Dans l'état connecté du mobile, le mécanisme de handover permet d'assurer la continuité d'une communication de mauvaise qualité par l'assignation d'un autre canal de trafic TCH. Le contrôleur BSC traite les mesures effectuées dans les deux liaisons, montante et descendante. Il compare ces mesures avec des seuils appelés, paramètres de handover, que nous avons cités dans le chapitre 3.

Dans notre logiciel GSM-RNO, le handover est effectué si le niveau de signal de la cellule voisine est supérieur au niveau du signal de la cellule serveuse. On utilise le tableau de fichier de trace. Les cellules sont classifiées dans BA List selon l'ordre descendant de niveau du signal.

IV.5 DESCRIPTION DU GSM-RNO :

L'outil d'optimisation que nous avons réalisé sous l'environnement C++ BUILDER est un logiciel permettant d'une part la simulation des paramètres de sélection/ré-sélection de cellule et d'autre part l'analyse du Drive Test. Ce logiciel que nous avons appelé **GSM-RNO (GSM - Radio Network Optimisation)** est présenté sur la figure IV.9 :

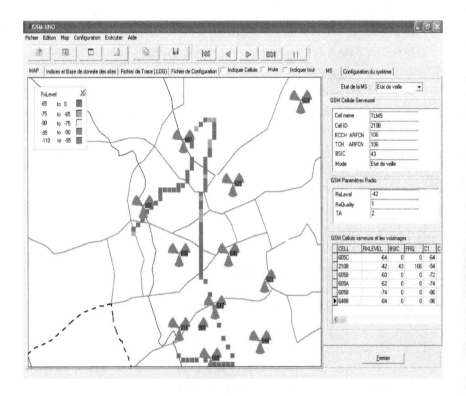

Figure IV.9 : Logiciel GSM-RNO

La description des éléments constituant la fenêtre principale (Figure A.1) du logiciel GSM-RNO est présentée comme suit :

- Menu

Le menu du GSM-RNO contient :

Fichier :

> *Quitter* : pour quitter l'application, elle est équivalente au bouton :

Edition :

> ***Copier :*** pour copier le dessin (Map),   équivalent au bouton :

> ***Enregistrer :*** pour enregistrer le dessin dans n'importe quel dossier, équivalent au

bouton :

Map :

> ***Ouvrir :*** il est équivalent au bouton   qui permet d'ouvrir un dossier.

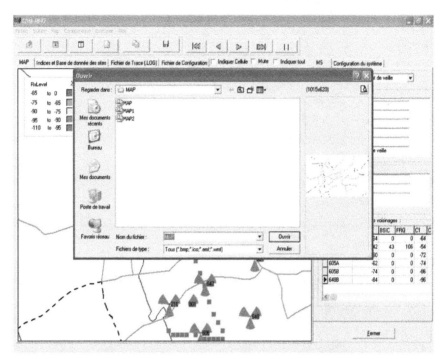

Figure IV.10 : chargement une carte

Cliquer sur ouvrir pour charger la carte dans la page du dessin.

> *Grille :* permet d'ouvrir la fenêtre du pas utilisé dans le déplacement du mobile, équivalent au bouton [⊞].

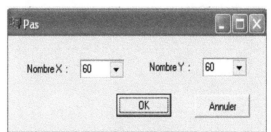

Figure IV.11 : fenêtre de Pas du déplacement

Entrer le pas puis cliquer sur OK, le dessin devient comme suivant :

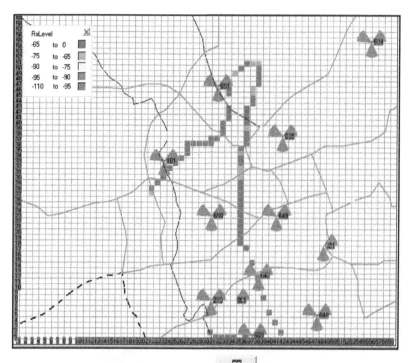

> **Légende :** elle est équivalente au bouton 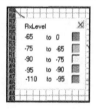 qui permet d'afficher dans le Map les couleurs relatives aux valeurs comme il est montré dans La figure suivante.

Exécution :

Ils sont équivalents au bouton pour lancer le programme. Ce bouton devient

⏭️, un deuxième clic permet d'arrêter le programme.

Les boutons suivants ⏮️ ◁ ▷ ⏭️ sont utilisés pour aller en avance ou en arrière dans le fichier de traçage.

Aide :

> **A propos :** ouvre la fenêtre suivante qui contient des informations sur la réalisation du logiciel GSM-RNO.

Configuration :

> **Ajouter un nouveau site :** permet d'ouvrir la figure A.2 pour remplir le nom du nouveau site.

> *Modifier Configuration d'un Site :* ouvre la figure A.5 pour modifier les données d'un ou plusieurs sites existe dans le tableau de données de site.

IV.5.1 Configuration :

Pour ajouter un nouveau site, cliquer sur le bouton 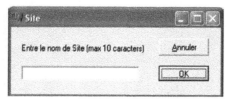 et entrer le nom du site dans la fenêtre suivante :

Figure IV.12 : Fenêtre pour ajouter un site

Cliquer sur le bouton OK pour entrer les données du site dans la figure suivante:

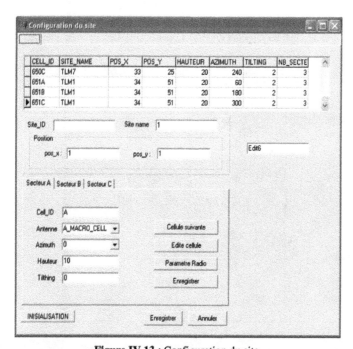

Figure IV.13 : Configuration du site

Pour chaque secteur, remplie les champs montrés dans la Figure A.5 et cliquer sur le bouton  pour entrer les données de la cellule dans la figure suivante après le choix du nombre du TRX.

Le nombre du TRX est par defaut égal à 1 pour le BCCH, choisir le nombre de TRX pour le trafic dans la cellule, la fenêtre devient comme suit :

Figure IV.14: Configuration de la cellule

Dans la figure IV.13, cliquer sur le bouton ⌈ Parametre Radio ⌋ pour remplir les paramètres radio dans la figure suivante :

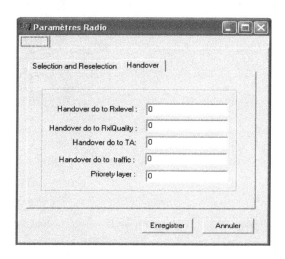

Figure IV.15 : Remplissage des paramètres radio

IV.5.2 Gestion de trace :

Dans la fenêtre principale, nous avons utilisé plusieurs pages de contrôle. L'une montrée dans la figure suivante contient le tableau du dessin et un ensemble de composants permettant de changer la couleur de traçage en fonction du niveau du signal, la qualité du signal et le TA.

Durant l'exécution de la lecture du log file chargé, la page de contrôle MS affiche les données de la cellule serveuse, le niveau du signal, la qualité du signal, la TA et la BA List.

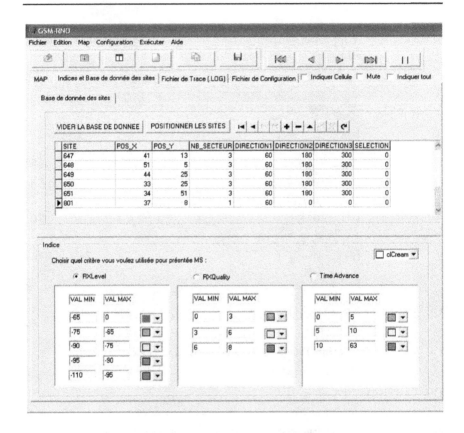

Figure IV.16 : gestion de trace du mobile

Pour utiliser le fichier de traçage de type Excel, on charge ce fichier dans un tableau qui est montré dans la figure suivante.

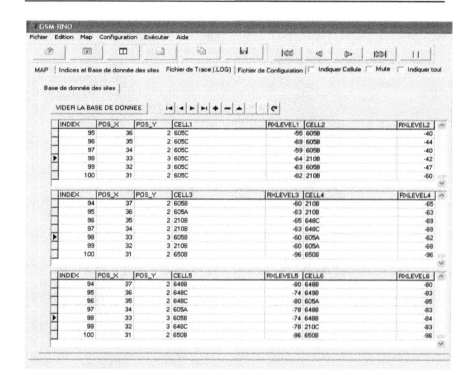

Figure IV.17 : Fichier de traçage

La figure suivante montre quatre tableaux de configuration de site , cellule, paramètres de sélection/ré-sélection et les paramètres du handover.

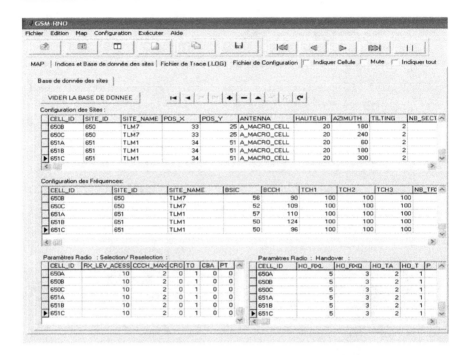

Figure IV.18 : les tableaux de configuration

IV.5.3 Fenêtre de configuration :

Cette fenêtre contient les tableaux où on charge les fichiers Excel de configuration de la cellule et du site. Elle contient aussi le fichier Excel des paramètres radio chargés depuis le logiciel OMC-R qui contrôle le BSC. Les tableaux cités dans les figures IV.16, IV.17 et IV.18 sont chargés par la fenêtre de configuration dans la figure IV.19 après le remplissage du mot de passe "GSM".

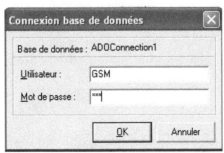

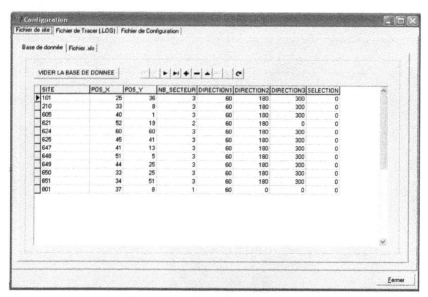

Figure IV.19: Fenêtre de configuration

Le bouton [image] permet d'effacer le dessin et le bouton Fermer ferme l'application.

IV.6 EXEMPLE D'UTILISATION DU GSM-RNO :

Dans cette partie nous essayons de prendre un exemple concret pour montrer l'importance d'utilisation de GSM-RNO dans l'optimisation radio.

IV.6.1 Drive Test :

Un drive test a été effectué dans une zone urbaine, pour tester la couverture et la qualité de la liaison radio.

Le fichier de traçage à été chargé dans le logiciel GSM-RNO pour donner les valeurs de niveau de signal des six cellules présentes dans la BA-List. De même la configuration Radio de ces sites à été chargée dans le software depuis le logiciel OMC_R du BSC.

La simulation avec GSM-RNO nous donne la distribution du niveau de signal (RxLevel), la qualité (RxQuality) et le TA dans la carte qui représente le territoire cible du Drive Test.

Pour faciliter l'analyse du Drive Test, nous avons séparé les valeurs de chacun de RxLevel, RxQuality et TA à des niveaux. Chacun de ces derniers est associé par une couleur.

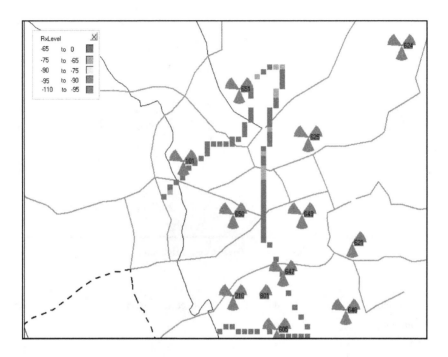

Figure IV.20 : Test de niveau du signal

La figure IV.20 montre la distribution du niveau de signal dans la carte. Cette distribution montre que la zone urbaine est bien couverte (RxLevel $\geq$ -75 dBm).

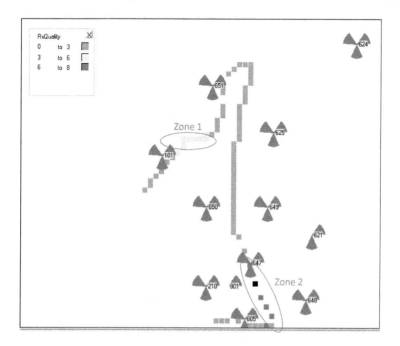

Figure IV.21 : Test de la qualité du signal

La figure IV.21 dessine la qualité dans la carte. Nous remarquons qu'il y a deux zones qui présentent une mauvaise qualité.

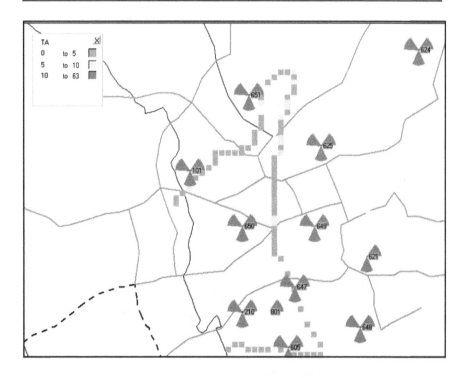

Figure IV.22 : Test du TA

La figure IV.22 montre la distribution de niveau de TA dans la carte. Nous remarquons que chaque cellule couvre sa zone.

IV.6.2 Analyse du Drive Test :

La zone 1 présente une mauvaise qualité à cause d'un mauvais plan de réutilisation des fréquences porteuses BCCH de la cellule 101A (Fréquence : 108) et la cellule 650C (Fréquence : 109) qui sont adjacentes. Donc pour résoudre ce problème nous avons changé la fréquence de la cellule 101A par 118.

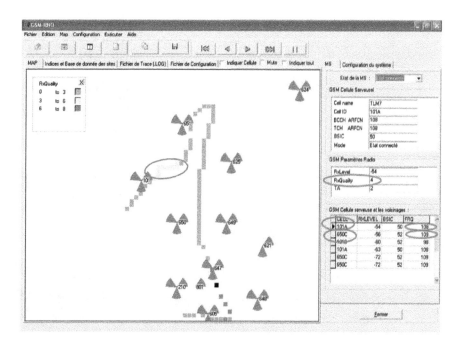

Figure IV.23 : Analyses de la zone 1

Dans la zone 2 un drop call est présent. On a un CO-BCCH entre la cellule 605A (fréquence : 112) et la cellule 648C (fréquence : 112). Donc la solution de ce problème repose sur le changement de la fréquence 112 de la cellule 648C par 90. Le choix de la valeur de la fréquence (116) est basé sur les fréquences des cellules adjacentes.

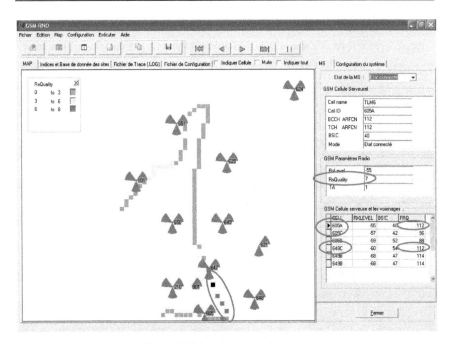

Figure IV.24 : Analyses de la zone 2

Après le changement des fréquences dans la configuration des cellules, la simulation avec GSM-RNO nous indique que la distribution de niveau de qualité dans la carte est bonne. La figure IV.25 montre cette distribution.

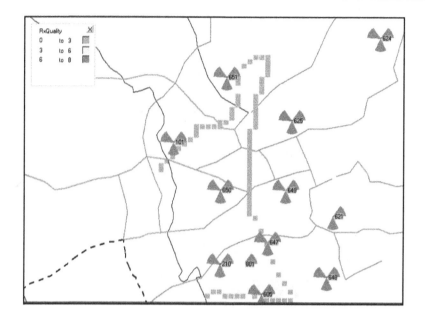

Figure IV.25 : la qualité après la correction des fréquences

IV6.3 Changement des paramètres radio :

Les statistiques de la zone du Drive Test montrent qu'il y a une congestion au niveau de la Cellule 101A et les cellules voisines ne présentent aucune congestion. Donc nous essayons de basculer le trafic vers les autres cellules pour équilibrer la charge de ce trafic.

Dans cette partie nous essayons de limiter le trafic qui est directement obtenu par la cellule 101A, pour cela ; nous avons résolu ce problème par le changement des paramètres de Sélection/Ré-Sélection.

Le tableau suivant présente les paramètres de Sélection /Ré-Sélection de la cellule 101A et la cellule voisine 650C.

Cell_ID	RxLevel_Acess_Min	MS_TXPWR_MAX_CCH	CRO	TO	PT	CBA
101A	10	2	0	1	0	0
650C	10	2	0	1	0	0

Tableau IV.1 : Paramètres de test

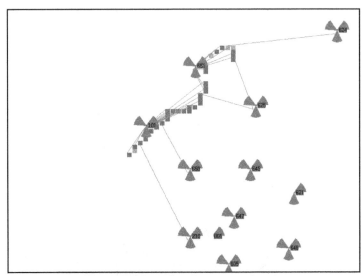

Figure IV.26 : Cellule 101A congestionnée

Pour favoriser la cellule voisine 650C et défavoriser la cellule congestionnée 101A nous proposons la configuration suivante

Cell_ID	RxLevel_Acess_Min	MS_TXPWR_MAX_CCH	CRO	TO	PT	CBA
101A	12	2	0	1	0	0
650C	10	2	4	1	0	0

Tableau IV.2 : paramètres adaptés

Nous avons augmenté le paramètre du niveau de signal minimal "RxLevel_Acess_Min" pour que la MS puisse accéder à la cellule 101A. Nous avons donc diminué logiquement la zone de couverture de la cellule 101A.

Après la simulation, la MS n'a pas sélectionné la cellule 101A dans certains points de la cellule.

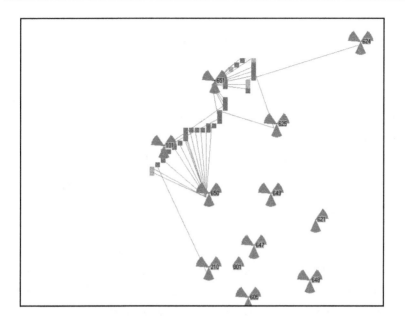

Figure IV.27 : Cellule 101A non congestionnée

Cet exemple montre l'efficacité de l'outil GSM-RNO dans l'utilisation des paramètres radio pour gérer la liaison radio.

IV.7 CONCLUSION :

Vue la complexité de la liaison radio, l'optimisation radio est une phase très importante dans le réseau GSM. Les paramètres radio sont largement utilisés dans l'optimisation radio pour gérer la liaison radio et pour améliorer la phase de la planification. Cette dernière est incapable de satisfaire la demande croissante en trafic dans les zones urbaines à la raison de la limitation des ressources radio.

.

CONCLUSION GÉNÉRALE

Les travaux présentés dans ce mémoire ont été consacrés à la réalisation de l'outil d'optimisation radio GSM-RNO permettant la simulation des procédures de sélection et ré-sélection de cellule effectuées par le mobile. L'utilisateur de cette interface peut tester l'effet du changement des paramètres radio sur la liaison radio.

Les paramètres radio sont largement utilisés dans l'optimisation radio qui améliore la phase de la planification. Cette dernière est incapable de satisfaire la demande croissante en trafic dans les zones urbaines à raison de la limitation des ressources radio.

Un opérateur qui fournie un bon service à ses abonnés est celui qui peut parfaitement traiter la liaison radio pour mettre correctement les paramètres radio utilisés pour adapter l'ensemble des procédures définies dans la norme GSM. La liaison radio est fluctuante, donc l'opérateur surveille en permanence cette liaison et fait les changements nécessaires dans le seuil ou l'état des paramètres diffusés dans les cellules.

En terme informatique, notre logiciel d'optimisation radio GSM-RNO réalisé sous Windows présente une grande souplesse, une fiabilité et une rapidité d'exécution.

Annexe A : Abréviation

AGCH : Access Grant CHannel

AUC : Authentication Center

BSS : Base station Sub-System

BTS : Base Tranceiver Station

BSC : Base Station Controller

BCH : Broudcast Channel

BCCH : Broadcast Control CHannel

BSIC : Base Station Identity Code

CCH : Commun Channel

CBCH : Cell Broadcast Channel

CCCH : Common Control Channel

CBA : Cell Bar Access

CBQ : Cell Bar Qualify

DCS : Digital Cellular System

DCH : Dedicated Channel

DCCH : Dedicated Control Channel

EIR : Equipement Identity Register

FACCH : Fast Associated Control Channel

FCCH : Frequency Correction Channel

FDMA : Frequency Division Multiple Access

GSM : Groupe Spécial Mobile

GSM : Global System for Mobile communications

GMSK : Gaussian Modulated Shift Keying

GMSC : Gateway MSC

GPS : Global Position System

HLR : Home Location Register

IMSI : International Mobile Station Identity

IMSISDN : Mobile Station ISDN Number

IMEI : International Mobile Station Equipment Identity

IMT 2000 : International Mobile Telecommunication 2000

LU : Location Updating

LA : Location Area

LAI : Location Area Identity

MSRN : Mobile Station Roaming Number

MSC : Mobile- service Switching Centre

MS : Mobile Station

NSS : Network Sub-System

NMC : Network Management Centre

OSS : Operation Sub-System

OMC : Operations and Maintenance Centre

OMC-R : Operations and Maintenance Centre - Radio

OMC-S : Operations and Maintenance Centre – System

PLMN : Public Land Mobile Network

PBGT : Power Budget

PCH : Paging Channel

RACH : Random Access Channel

SIM : Subscriber Identity Module

SDCCH : Stand alone Dedicated Control Channel

SACCH : Slow Associated Control CHannel

SCH : Synchronisation Channel

SMS : Short Message Service

TDMA : Time Division Multiple Access

TMSI : Temporary Mobile Suscriber Identity

TCH : Traffic Channel

VLR : Visitor Location Register

Références bibliographiques

[1] : Frédéric Payan - Département R&T - Module TR-c7 - IUT de Nice Côte d'Azur

[2] : «GB_000_E1 GSM, GPRS, EDGE Basics»   ZTE University

[3] : Javier Sanchez auteur du livre « UMTS », 2ème édition, Mars 2004

[4] : C. DEMOULIN, M. VAN DROOGENBROECK. Principes de base du fonctionnement du réseau GSM. Revue de l'AIM, pages 3.18, N04, 2004.

[5] : «GBC_001_E1_0 GSM Basic»   ZTE University http : //univ.zte.com.cn

[6] : Réseaux GSM, GPRS, UMTS. Architecture évolutive pour une stratégie services juin 2002

[7] : «GSM Basic and Key Technology»   ZTE University

[8] : GSM Advanced System Technique, chapitre 2 : Channel Concept, pages 17.35, [EN/LZT 123 3333 R3B]   ERICSSON

[9] : ENST - dept Réseaux - X. Lagrange et P. Godlewski - Canaux de contrôle sur l'interface radio - vers. 2.2 - 1998

[10] : GSM Advanced System Technique, chapitre 3 : Traffic Cases, pages 37.65, [EN/LZT1233333R3B]   ERICSSON

[11] : «GBC_007_E1_0 Signaling System»   ZTE University

[12] : GSM Cell Planning Principles, chapitre 13 : Radio Network Features, pages 153.249, [EN/LZT1233314R3B]   ERICSSON

[13] : «GBC_004_E1_0 Radio Parameters»   ZTE University

[14] : «GBC_005_E1_0 GSM Handover and Power Control»   ZTE University

[15] : « Network Optimization »   ZTE University

[16] : «GBO_010_E1_1 Network optimization overview»   ZTE University

[17] : «GBO_014_E1_0 Special Topic of Radio Network Optimization»   ZTE University

[18] : « User Description and Engineering Guidelines, Radio Network Statistics » 7/100 56–HSC 103 12 Uen A 1998-03-20   ERICSSON

[19] : Somer GOKSEL « Optimization and Log File Analysis in GSM »   January 26, 2003

Optimisation Radio dans le réseau GSM

Auteurs :   Mr. MEGNAFI Hicham
              Mr. BOUKLI-HACENE Noureddine
                Mr. BERRICHI Abdelkader

Email :   megnafi.hicham@gmail.com
                bouklin@yahoo.com

Une maison d'édition scientifique

vous propose

la publication gratuite

de vos articles, de vos travaux de fin d'études, de vos mémoires de master, de vos thèses ainsi que de vos monographies scientifiques.

Vous êtes l'auteur d'une thèse exigeante sur le plan du contenu comme de la forme et vous êtes intéressé par l'édition rémunérée de vos travaux? Alors envoyez-nous un email avec quelques informations sur vous et vos recherches à: info@editions-ue.com.

Notre service d'édition vous contactera dans les plus brefs délais.

Éditions universitaires européennes
est une marque déposée de
Südwestdeutscher Verlag für
Hochschulschriften GmbH & Co. KG
Dudweiler Landstraße 99
66123 Sarrebruck
Allemagne

Téléphone : +49 (0) 681 37 20 271-1
Fax : +49 (0) 681 37 20 271-0
Email : info[at]editions-ue.com
www.editions-ue.com